旅游服务与管理专业“十三五”规划系列教材
国家示范院校专业建设项目成果

旅游心理学

LVYOU XINLIXUE

主　编　孙淑琴　段丽英
副主编　李海侠　王西涛
参　编　白　鹏

旅游心理学是研究旅游者和旅游从业人员在旅游活动中的心理现象及其规律的学科

中国商业出版社

图书在版编目(CIP)数据

旅游心理学/孙淑琴,段丽英主编.—北京:中国商业出版社,2017.9

ISBN 978-7-5044-7782-8

Ⅰ.①旅… Ⅱ.①孙…②段… Ⅲ.①旅游心理学-高等职业教育-教材 Ⅳ.①F590

中国版本图书馆 CIP 数据核字(2012)第 140749 号

责任编辑:刘毕林

中国商业出版社出版发行

010-63180647 www.c-chook.com

(100053 北京广安门内报国寺1号)

新华书店经销

北京市书林印刷有限公司印刷

* * * * *

787×1092 毫米 开本:1/16 印张:10.5 字数:230 千字

2017 年 9 月第 1 版 2017 年 9 月第 1 次印刷

定价:27.80 元

* * * *

(如有印装质量问题可更换)

前　言

《旅游心理学》是高职高专旅游管理专业规划教材之一。

本书编写的主要目的在于培养旅游专业学生良好的心理能力，利用心理学的有关知识将旅游专业的理论知识与实践能力有机地结合在一起。本书的最大特点是通过引用大量的案例，对旅游心理学的理论知识加以解释和补充，以增强教学过程的互动性。另外通过“知识链接”、“思考练习题”、“图片插入”等环节使枯燥的知识更加形象化，具体化，如“名人名言”、“知识阅读”、“小故事”等，以增强可读性与趣味性。

本书主编孙淑琴、段丽英，副主编李海侠、王西涛，参编白鹏。共分十章，具体分工如下：第一章、第二章（第一、二节）、第三章、第四章、第五章、第六章由孙淑琴编写；第九、十章由段丽英编写；第七章由安徽工商职业学院讲师王西涛编写；第八章由李海侠编写；第二章（第三、四节）内容及插图（部分）、课件由白鹏编写及提供。由孙淑琴、段丽英负责全书统稿，李海侠协助统稿和排版。

由于编者水平有限，本教材难免存在不足，恳请心理学的同行和旅游服务一线的老师们批评指正。

编者

2017 年 9 月

目 录

第一章　导　论

学习目标

★ 掌握心理与心理学的含义

★ 了解旅游心理学的产生

★ 熟悉旅游心理学研究的对象、任务和意义

★ 理解旅游心理学研究的方法

相关链接

旅游，是人们离开常住地到异地他乡旅行或暂时停留所引起的各种现象和关系的总和。

随着人们文化素质的不断提高，心理学的知识越来越被人们所重视。旅游心理学是心理学的一个分支，要想全面了解和掌握旅游心理学的知识，必须对心理学的有关内容做一个概括的了解。

第一节　心理学与自己

一、心理和心理学

(一)心理的含义

心理一词是指人的思想、感情的规律。是人们对长期生活的周围环境的适应而产生的。只要是一个健康的人，在外界环境的影响下，随着神经系统的发展，就会产生一些心理现象。如:感觉、知觉、记忆、想像、思维、性格、能力等，心理是这些心理现象的总称。

(二)心理学的含义

心理学是研究人的心埋活动及发生发展规律的科学。它所研究的对象是人类自身的心理现象，因而说心理学与自己密不可分。

我们生活在现实社会中，虽然各自分工不同，可是有一点是相同的，我们要用五官去感知面对的事物，用眼睛饱览五彩缤纷的万物，用耳朵聆听奇异美妙的音乐，用嘴巴品尝香辣酸甜的珍馐，用鼻子去嗅四溢飘香的美味，用肢体触摸棱角分明的物体。以上是我们感觉和

知觉的具体表现。

当我们在大街上突然遇到以前的旧交时，自然会回忆起一段曾经的往事，这是记忆。当我们对感知的事物或知识进行分析、思考的时候，就会上升到思维活动，通过思维在头脑中创造出新事物的形象就是想像。以上的感觉、知觉、记忆、想像、思维都属于心理学的认识过程。

人在接触、认识客观事物的过程中亦会产生对客观事物的观点和态度，即：喜、怒、哀、乐、爱、恶（金榜题名的喜，遭遇诽谤的怒，失去亲人的哀，朋友相聚的乐，久别相逢的爱，不良风气的恶）。以上是心理学的情感过程。

人在认识事物的过程中，不会总是一帆风顺的，会遇到不利的条件或者不可抗力的灾难，人们又不肯屈服，想方设法战胜困难，走出困境，来达到自己预定的目的，这种竭尽全力克服一切困难、坚持实现预定目标的心理过程就是心理学的意志过程。

以上三个过程，并不是彼此孤立的，是相互紧密地联系在一起的，它们统称为心理过程，是心理活动的一个方面。

人的心理活动的另一方面是个性心理，包括个性心理特征和个性倾向性两个部分。

个性心理特征，是一个人在活动中表现出来的比较稳定的带有倾向性和各种心理特征的综合表现，人的个性又称做人格。包括：能力、气质、性格。

个性倾向性，是人对外界事物的趋向选择。包括：需要、动机、兴趣。

心理学研究对象的结构如下：

<table>
<tr><td rowspan="15">心理学（心理活动或心理现象）</td><td rowspan="9">心理过程</td><td rowspan="6">认识过程</td><td>感觉：是人脑对直接作用于感觉器官的客观事物的个别属性的反映。</td></tr>
<tr><td>知觉：是人脑对直接作用于感觉器官的客观事物的整体的反映。</td></tr>
<tr><td>记忆：是人脑对过去经历过的事物的反映。</td></tr>
<tr><td>思维：是人脑对客观事物间接、概括的反映。</td></tr>
<tr><td>想像：是人脑对已有的形象进行加工改造而创造新形象的心理过程。</td></tr>
<tr><td>注意：是心理活动对一定对象的指向和集中。</td></tr>
<tr><td rowspan="2">情感过程</td><td>情感：是一种主要和社会需要相联系的心理体验。</td></tr>
<tr><td>情绪：是一种主要和生理需要相联系的心理体验。</td></tr>
<tr><td>意志过程</td><td>意志：是人为了达到一定的目的，自觉地将组织自己的行动与克服困难相联系的心理过程。</td></tr>
<tr><td rowspan="6">个性心理</td><td rowspan="4">个性心理特征</td><td>能力：通常指完成某种活动的本领。</td></tr>
<tr><td>气质：是人的情感和行为活动中比较典型的、稳定的心理特征。</td></tr>
<tr><td>性格：是一个人对待现实的态度和行为方式比较稳定的心理特征。</td></tr>
<tr><td>需要：是人对一定客观事物的欲望和要求。</td></tr>
<tr><td rowspan="2">个性倾向性</td><td>动机：是由需要引起的，激励或推动人去行动以达到一定目的的内在动力。</td></tr>
<tr><td>兴趣：是人们力求认识某种事物和爱好某种活动的一种心理倾向。</td></tr>
</table>

二、心理学的起源

心理学虽然现今是一门独立的学科，但它却是一门既古老又年轻的学科。说它古老，是因为两千多年以前，人类就开始探索自己的心理现象。公元前4世纪，古希腊哲学家亚里士多德就曾在《论灵魂》中，对人的心理现象进行过系统的论述。我国春秋战国时期，就有诸多学者探讨过有关人的某些心理问题。如:孟子提出过“性善论”，荀子提出过“性恶论”。古代兵法强调的“攻心为上”，韩信以此设计了“四面楚歌”的战术等，即使这样，它只是哲学的一个部分。

心理学成为独立的学科是19世纪的事，它的创始人是威廉·冯特(Wilhelm Wundt，1832年8月16日—1920年8月31日)，德国心理学家，哲学家，第一个心理学实验室的创立者，构造主义心理学的代表人物。他的《生理心理学原理》是近代心理学史上第一部最重要的著作。1855年冯特获得博士学位，1875年任莱比锡大学哲学教授，1879年在该校建立世界上第一座心理实验室，采用科学的实验方法对人的心理现象进行研究，标志着心理学的诞生。因此，威廉·冯特被誉为心理学之父。1879年被称为心理学的独立年，也就是说从此心理学才开始从哲学中分离出来，成为一门独立的学科，仅一百多年的历史，所以说心理学又是一门年轻的学科，也可以说心理学的缔造者既是心理学家又是哲学家。

希腊哲学家亚里士多德

(图1-1-1)

德国心理学家威廉·冯特

(图1-1-2)

知识阅读:

亚里士多德(前384—前322年),古希腊斯吉塔拉人,古代世界上最伟大的哲学家、科学家和教育家之一是柏拉图的学生,亚历山大大帝的老师。公元前335年,他在雅典办了一所叫吕克昂的学校,被称为逍遥学派。马克思曾称亚里士多德是古希腊哲学家中最博学的人物,恩格斯称他是古代的黑格尔。

亚里士多德一生勤奋治学,从事的学术研究涉及到逻辑学、修辞学、物理学、生物学、教育学、心理学、政治学、经济学、美学等,写下了大量的著作,他的著作是古代的百科全书,据说有四百到一千部,主要有《工具论》、《形而上学》、《物理学》、《伦理学》、《政治学》、《诗学》等。他的思想对人类产生了深远的影响。他创立了形式逻辑学,丰富和发展了哲学的各个分支学科,对科学做出了巨大的贡献。

第二节　旅游心理学

一、旅游心理学的产生

(一) 旅游心理学的概念

旅游心理学是研究旅游者和旅游从业人员在旅游活动中的心理现象及其规律的学科。

(二) 旅游心理学的产生

旅游活动并非始于现代,中外历史上都有很多旅行活动的记载。我国西汉的司马迁二十岁就开始漫游祖国的大江南北,探访古迹,为写《史记》积累了丰富的资料;明代的徐霞客曾周游全国,著有《徐霞客游记》,为我国的科学、历史、文学的发展创造了价值;意大利的马可·波罗游历中国;哥伦布发现新大陆……以上只能代表一定的旅游活动,而旅游成为一种社会行业还得从库克开始……

(图1-1-3)　托马斯·库克

英国的木材商人 32 岁的托马斯 · 库克发现很多的社会问题都和酒有关。1841 年夏季，在他的提议下，运载着 540 名去参加“禁酒大会”乘客的首列观光列车开动了，此次活动组织得很成功。1845 年他设立了托马斯 · 库克旅行社，专门从事旅行代理业务，成为世界上第一位专职的旅行代理商，这是近代旅游业诞生的标志。

库克在旅游业务方面还有许多创新，比如，他组织了最早的团体旅游，设置了最早的导游员，编制了《旅游手册》。他不仅组织以娱乐、宗教为目的的旅游，还组织了以参观、博览为目的的旅游，试图发展旅游的文化和教育功能。正因为如此，托马斯 · 库克被公认为是第一个真正的旅游代理商和近代旅游的创始者，被称为“现代旅游之父”。

20 世纪 50 年代以后，经济、科学、交通的迅猛发展推动了旅游业的飞速发展，现今旅游已成为大众化的生活方式，相当部分的中上等收入水平的家庭已把旅游列为消费支出的一项，它也成为创汇的重要手段和经济支柱，正在进军世界头号产业。

正因为旅游业的迅猛发展，相关行业的心理研究也就随之产生，虽然旅游心理学的研究，理论性较强，但它对具体的旅游实践活动有一定的指导意义，因此也越来越被行业人员重视。

二、旅游心理学研究的对象

随着旅游业的迅猛发展，旅游心理学逐渐被人们重视起来，它所研究的对象应该包括三个方面。

(一) 研究旅游者的心理现象(或活动)及其变化规律

如，旅游者的需要，旅游者的旅游动机，旅游者的消费爱好等。

(二) 研究旅游从业人员的心理变化规律

把握从业人员的各种心理活动特点，研究他们的心理特征，培养和训练他们的工作能力等。

(三) 研究旅游从业人员与旅游者相互作用而产生的心理变化规律

旅游活动的完成是通过旅游从业人员与旅游者共同实现的，所以旅游从业人员与旅游者之间相互作用而产生的心理活动变化及规律，也是旅游心理学研究的对象。

三、旅游心理学研究的任务和意义

(一) 任务

1. 研究旅游者的心理

旅游者外出旅游是有一定动机的，认真研究旅游者的动机，有利于把握旅游者的行为、爱好及其在旅游活动中各阶段的心理变化规律，为做好针对性服务提供了保障。

2. 研究服务心理

旅游从业人员要在旅游过程中的各个环节提供让旅游者满意的优质服务，合乎旅游者的心理需要，研究旅游者旅游活动各阶段的行为、心理，揣摩他们的心理需求，有利于从业人员及时为旅游者提供热情周到的服务。

3. 研究旅游资源开发及旅游设施建造中的心理

从分析旅游者对旅游资源开发及旅游设施建设的需求入手，研究旅游者的心理需求与旅游资源开发、旅游设施建造等问题。旅游资源是吸引旅游者产生旅游动机的亮点，旅游设施是旅游者赖以休息、休闲、游乐的必备物质条件，这些“硬件”设施对旅游者的行为和消费动机影响很大。研究旅游者的注意、想像、兴趣等心理活动与旅游设施的关系，从而为他们提供一个舒适、满意、丰富多彩的旅游活动。

4. 研究旅游工作者的心理

服务质量的好坏与从业人员（旅游工作者）的心理素质关系密切，从业人员应在工作中如何保持良好的心境，具备怎样的心理素质，如何面对突发事件，如何保持心理健康，都是研究的范畴。

5. 研究旅游管理心理

旅游管理水平的高低，决定了旅游服务质量的好坏和服务水平的高低，研究管理人员的行为及其应具备的心理素质，研究员工的动机、需求，从而指导管理者采取合适的激励方式调动他们的积极性，也是旅游心理学的重要任务。

（二）意义

1. 有利于提高旅游服务质量

旅游者的存在是旅游业发展的主要要素之一。一个旅游企业赢得旅游者的数量是衡量该企业是否兴旺发达的重要标志。抓住旅游者的心理不光要靠旅游资源、旅游设施设备等硬件，旅游者更需要的是那种富有人情味的优质服务，富有人性化的服务标准及融知识与审美为一体的美好享受，为此旅游者会以“广而告之”的形式，将旅游服务企业推荐给自己的至爱亲朋，这种良好的效应会给旅游企业带来巨大的经济效益。

2. 有利于提高员工的心理素质和职业素质

面对市场经济下日益加大的就业压力，面对旅游者越来越高的心理服务需求，旅游从业者的心理素质和职业素质越来越得到业内管理者的重视。只有研究从业人员的心理才能懂得人的情感发生、发展的规律，懂得心境产生的原因及如何保持良好的心境，在工作中才能随时调整自己不利于工作的心境，以最佳状态投入工作。

3. 有利于提高旅游业经营与管理水平

旅游心理学的研究就是对旅游市场进行细分，研究不同个性、阶层、文化、群体的旅游者的不同需求。旅游行业的发展、壮大和服务质量的提高必须有一支高质量的旅游企业职工队伍。旅游心理学作为一门学科，研究的是旅游企业职工不可缺少的旅游专业的心理方面的基本理论和知识，因此旅游从业人员掌握这门学科的基本理论和知识，就能够正确认识自己的服务对象，把握服务对象的心理特点和差异，从而有的放矢地去工作。

4. 有利于科学合理地安排旅游设施和开发旅游资源

旅游设施和旅游资源是旅游业的硬件系统，也是旅游业发展的前提条件。认真学习、研究旅游心理学，探讨旅游者的心理活动规律，旅游企业就会有针对性地合理调整、增添旅游设施设备与旅游资源，使旅游者在旅游活动中，在心理上得到满足，并力争吸引更多的游客。

四、旅游心理学研究的方法

（一）观察法

即观察者深入一线，在自然条件下，有目的并有计划地观察旅游者的语言、行为、表情、动作等，进而发现其心理活动规律的一种方法。

为使观察富有成效，观察者必须事先制定观察计划，明确观察目的，对所要观察的问题有基本的了解。应在自然条件下完成，目的在于获得直接的经验事实素材。可从以下几个方面入手：

1. 观察衣冠服饰

可判断出：人的社会等级、职业、爱好、修养、信仰、习惯、民族等。

2. 观察面部表情

喜、怒、哀、乐等情绪变化，均可在面部体现。

3. 观察言语特点

听话听音，锣鼓听声。根据方言和语种可以基本判断出旅游者的地域、职业、性格等。

（二）自然实验法

是在日常旅游条件下，研究者有目的地对一些条件加以控制和改变，从而进行研究的一种方法。这种方法要求在比较自然的条件下结合日常业务来进行，主要通过观察旅游者的情绪反应，掌握他们的心理需要。主要特点是主动性和自然性。

（三）心理测量法

用量表测量人在某一方面的心理特征的方法。可判定其性格、能力。也可与观察法结合使用，以获得准确的信息。

（四）调查法

通过收集与被调查者有关的材料，间接了解其心理活动的研究方法。可以以问卷和谈话的形式进行。

问卷法是通过被试者填写或回答事先拟定好的表格或问题等形式，来研究心理的一种方法。

谈话法是运用谈话的方式来研究被试者心理的调查方法。在谈话前，研究者要根据研究的目的和谈话对象的特点，拟定谈话提纲。

（五）经验总结法

是指研究者对旅游实践活动中所积累起来的经验进行理论提高和升华，使之变为具有普遍指导意义的旅游心理学理论的研究方法。如对优秀旅游从业者的事迹及经验进行总结，从而归纳出优秀旅游从业者的心理素质。

总之，旅游心理学的研究方法是多种多样的，在进行运用时，可以根据需要采取各种方法，或以某种方法为主，几种方法并用。最终目的是获得全面、准确而客观的数据资料，做出完整、正确的评定。

思考练习题：

一、填空

1. 心理一词是指人的（　　　　）、（　　　　）的规律。

2. 认识过程包括（　　　　）、（　　　　）、记忆、（　　　　）、（　　　　）。

3. 心理现象包括心理过程和（　　　　　　）两大方面。心理过程包括（　　　　）、（　　　　）、（　　　　）三个方面。

4. 个性心理特征包括（　　　　）、（　　　　）、（　　　　）三个方面。

5. 个性倾向性包括（　　　　）、（　　　　）、（　　　　）三个方面。

6. 旅游心理学研究的方法有（　　　　）、（　　　　）、心理测量法、（　　　　）、（　　　　）。

二、名词解释

1. 旅游　　2. 旅游心理学　　3. 观察法　　4. 调查法

三、判断下列问题对、错

1. 心理学在两千多年前就是一门独立的学科。（　　　　）

2. 德国心理学家威廉·冯特，创立了世界上第一个心理学实验室。（　　　　）

3. 旅游业是二十世纪后才产生的。（　　　　）

4. 感觉和知觉是情感过程的两个方面。（　　　　）

5. 我国古代的孟子提出“性善论”，荀子提出“性恶论”。（　　　　）

6. 心理学是研究人的心理现象及客观规律的科学。（　　　　）

四、问答题

1. 什么是心理学？

2. 什么是旅游心理学？

3. 旅游心理学研究的对象是什么？

4. 旅游心理学研究的意义是什么？

5. 旅游心理学研究的方法有哪些？

五、案例分析

某市新开了一家餐馆，门口大花篮列成两排，将大红拱门夹在中间蔚为壮观。前来贺喜的和闻讯赶来的客人，使餐馆开业几天来都应接不暇，不论是大小包房和大厅都座无虚席，总经理高兴得合不拢嘴。

餐馆特别注重服务人员的仪表仪容，服务员整齐的套装，姣好的面容再加上淡淡的化妆，与餐馆整体的装修相映生辉，和谐融洽的就餐环境惹得过路人驻足观望。

开业的第二天傍晚，霓虹灯刚刚闪烁，来了两位穿着讲究、举止斯文的客人。迎宾小姐热情地将他们请到一张两人台的桌前坐下。在用餐的一个多小时的时间里，服务人员娴熟的动作，微笑的态度，再加上菜肴色、香、味、型、饰都让客人无可挑剔，两位客人还不时夸赞："新开的饭店就是不一样！"

就在两位客人酒足饭饱准备付账时，令他们吃惊的是服务员大声地对他们说："两位先生今晚消费318元，不知哪位买单？"

只见两位客人顿时表情尴尬，刚才挂在脸上的笑容荡然无存。那位年龄稍长的客人轻声对服务员说："请你别这么大声叫嚷好吗？我们听得见，不会赖账。"

"这是本店的规矩。客人买单时须唱收唱付。"服务员好似有满腹的委屈，她不明白自己有什么不对。

客人匆匆付了钱，抄起放在椅背上的外衣，头也不回径直向门口走去。

研讨问题：

1. 服务员的做法有什么不对吗？为什么会觉得委屈呢？

2. 案例中客人有什么心理需求？"唱收唱付"适合所有人的心理需求吗？

第二章　旅游者的认识过程

学习目标

★ 了解感觉、知觉、记忆、注意、思维、观察的含义及相关知识

★ 掌握旅游中影响感觉、知觉的因素

★ 培养对旅游者鉴貌、察言、观色的能力

★ 培养旅游工作者良好的注意力、记忆力和思维能力

名人名言

记忆是智慧的仓库,但是在这个仓库里有许多隔断,因而应当尽快地把一切都放得井井有序。

思维世界的发展,在某种意义上说就是对惊奇的不断摆脱。

注意力是智慧的门户。

对微小事物的仔细观察,就是事业、艺术、科学及生命各方面的成功秘诀。

认识过程是心理学理论中，心理过程的一个方面，人们对客观事物的了解、熟悉，首先要从认识过程开始。

相关链接

人的视觉可感受的刺激范围是波长 380 ~ 760 纳米的电磁波，称为可见光波。可见光波只占电磁波范围的 1/70。小于 380 纳米的紫外线和大于 760 纳米的红外线，是人眼不能感觉到的波长。听觉可感受的声波频率范围是 20 ~ 20000 赫兹，其中人耳最敏感的声波频率是 1000 ~ 4000 赫兹。低于 20 赫兹的次声波和高于 20000 赫兹的超声波都是人耳不能听见的，而 40 岁以上的人的听力上限通常会降至 12000 赫兹。

第一节　旅游者的感觉和知觉

一、旅游者的感觉

（一）感觉的概念

是人脑对直接作用于感觉器官的客观事物个别属性的反映。

我们认识一切事物是从感觉开始的。例如:一个橘子,我们可以看到它的颜色、形状,可以闻到它的气味,还可以尝到它的味道。这里说的,颜色、形状、气味、味道分别代表橘子的个别属性,我们大脑对这些个别属性(黄色、圆形、酸甜等)的直接反映就是感觉。

(二) 感觉的分类

1. 外部感觉

是指外界事物刺激体表所产生的感觉,反映的是外界环境中对象与现象的特征。它包括:视觉、听觉、触觉、嗅觉、味觉五种。

(1)视觉

由光源直射或物体反射的光线作用于视网膜所产生的感觉是视觉(如颜色、明暗等)。

视觉是人类感觉的主导,人类80%以上的信息是通过视觉得到的,并且当视觉信息与其他同时传入的信息相矛盾时,人们大多数会刨除其他信息而根据视觉信息作出反映。

(2)听觉

辨别声音特性的感觉即听觉。声波从外耳传入,振动耳鼓膜,引起耳蜗内感觉细胞的兴奋,经听神经传至大脑皮层听觉区而产生(如声调、音频等)。人类10%以上的信息是通过听觉得到的,因而它也是重要的感觉。

(3)触觉

皮肤等感觉器官接触外界物体所引起的感觉即触觉。它是比较复杂的感觉(如触压、冷热等)。各种感觉点在全身分布区域各不相同,鼻尖的压点、冷点和温点最多,胸部的痛点最多。

(4) 嗅觉

鼻子对气味的感觉即嗅觉(如香、臭等)。嗅觉可以帮助动物维持生命、相互交往。

(5) 味觉

人的舌头对物体味道的感觉(如酸、甜、苦、辣、咸等)。其中酸由舌的两侧来感觉,甜由舌尖来感觉,苦由舌根来感觉,辣由舌的缘壁来感觉,咸的最敏感部位是舌两侧及前部。水土气候和生活条件常常会影响人们对味觉的偏爱:“南甜、北咸、东辣、西酸”之说就是这一现象的形象描述。

2. 内部感觉

感受内部刺激,反映机体内部变化的感觉称为内部感觉。它包括:机体觉、运动觉、平衡觉三类。

(1)机体觉

是一种反映内脏器官的活动变化的感觉,也可叫做内脏感觉。包括:饿、饱、渴、痛、便意、恶心等。一般情况下,人不能凭主观意识随意支配内脏的活动,当生理节律发生超乎常态或出于病理状态时,会产生明显的感觉,因此机体觉具有保护功能。

(2)运动觉

是指反映身体各部分的位置、运动以及肌肉的紧张程度的感觉。一般情况下,人是不能直接觉察到运动觉信息的,但是对于优秀的运动员来说,他们对身体关节、肌肉和肌腱的运动都相当敏感，因此他们对运动速度及动作准确度等有精细的感受。运动员、舞蹈演员、杂技演员选拔的重要条件之一就是运动觉的敏感度。运动觉为人们从事正常活动提供了保证。

(3)平衡觉

是有机体在做直线加速运动或旋转运动时，能保持身体的平衡并知道其方位的一种感觉。人若失去了平衡觉，就难以调整姿势，容易摔倒，还可能感到眩晕。如我们坐在向崎岖不平的山路上行驶的汽车上，有时会感到头晕，刚下车的时候，就觉得脚站不稳，这就是瞬间失去平衡的感觉。人在路上平稳地骑自行车，就是平衡觉的作用，平衡觉主要帮助我们保持身体平衡。

(三)感觉的特点

1. 感受性

感觉器官对刺激强度及其变化的感受能力叫感受性。人的感受性不是一成不变的，它与人的当时条件和心理状态有关，与人在实践活动中的主观能动性有关。如在静谧的夜晚，人的听觉感受性要提高，很小的一点声音会听得很清楚，相反在嘈杂的公共场所，人的听觉感受性要降低。

2. 适应性

感觉器官在刺激物的持续作用下，其感受性发生变化叫感觉的适应性。如当我们白天走进正在放映电影的影院时，尽管室内有光亮，可自己会觉得眼前一片漆黑，无法找到自己的座位，适应一段时间后，就不会觉得像刚开始那样漆黑了，这是一个适应的过程。

3. 对比性

同一感受器官在不同刺激的作用下，感受性在强度和性质上发生变化的现象。如喝过糖水以后再吃西瓜会觉得西瓜没有一点甜味；先吃了很咸的菜肴后会觉得其他菜肴的味道都很淡；吃过苦瓜以后再吃黄瓜会觉得黄瓜带有甜味。

4. 补偿性

人的五种感觉器官存在一种“补偿作用”。当某种感觉器官受损时或缺失后，其他感觉器官的感受性则会相应提高。如盲人在视觉丧失的情况下，听觉功能会特别敏锐。

5. 联觉

是对一种感觉器官的刺激作用触发另一种感觉的现象，是各种感觉之间产生相互作用的心理现象。如红色、黄色、橙色使人感到温暖，常被称作暖色；白色、蓝色、绿色使人感到寒意，常被称作冷色。

二、旅游者的知觉

(一)知觉的概念

是人脑对直接作用于感觉器官的客观事物整体的反映。是人对感觉信息的综合和解释的过程。如我们前面说橘子的颜色、形状、味道分别代表感觉，那么将这些有联系的属性综合起来形成整体的映像——橘子，这个过程就是知觉。在日常生活中，单纯的感觉是不存在的，事物总是由多种属性相综合而形成一个整体。

（二）知觉的分类

1. 物体知觉

即对客观事物的知觉。它包括空间知觉、时间知觉和运动知觉。

（1）空间知觉

是人脑对客观物体的形状、大小、远近、方位等空间特性的知觉。空间知觉不是生来就有的，而是后天学习的结果。

（2）时间知觉

是人脑对物质现象延续性和顺序性的反映，即对事物运动过程的先后和长短的知觉。如太阳的东升西落，月亮的盈亏变化，一年四季的更替等都可以成为人们知觉时间和判断时间的客观依据。

（3）运动知觉

是人对物体在空间中的位移和位移速度的知觉。运动知觉一般是由物体的运动变化所引起的。运动知觉具有界限，运动太快或者太慢知觉是感受不到的。如飞机在一定高度平稳飞行时，乘客很难感受到它在飞行。我们赖以居住的地球每天都在自转，我们同样无法感受到。

2. 社会知觉

是指个体对社会客体的认识或知觉。包括对他人的知觉、人际知觉、自我知觉。

（1）对他人的知觉

指通过一个人的外部特征来认识、判断其心理状态与行为动机的心理过程。

（2）人际知觉

指我们对人与人之间关系的知觉。包括自己与他人的关系以及他人与他人之间的关系。

（3）自我知觉

指个人对自己的身心活动及自然状况的知觉。如对自己的身高、体重、相貌等自然状况，以及对自己的能力、性格、气质、兴趣、爱好等心理状况的认识。

3. 错觉

是由某种原因引起的对客观事物不正确的知觉。如图2－1－1两条等同的线段因两端有不同方向的箭头而看起来不一样长。图2－1－2两条等长的线，垂直线看起来比水平的长。

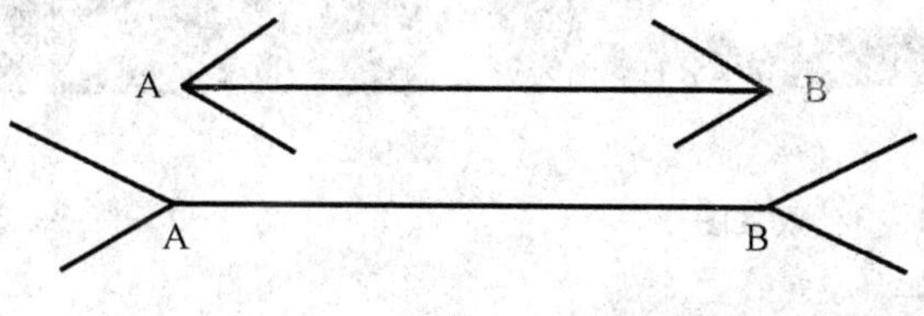

图2－1－1　两条等同的线段

图 2-1-2　两条等长的线

了解造成错觉的原因，对我们生活和工作都会有一定的帮助。我们可以充分利用错觉产生的原因使其在某些领域中产生预期的心理效应。如戏剧舞台的布景、抽象雕塑的设计、带有艺术性的建筑、军事伪装设计等都可以运用错觉的原理来实现。

（三）知觉的特点

1. 知觉的选择性

在众多的刺激物中选择少数刺激物加以优先知觉的对象是知觉的选择性。如在有多人合影的照片中，我们很快就能找到自己。在知觉中，对象与背景的关系不是固定不变的，而是根据一定的条件可以互相转换，如图 2-1-3 所示，我们既可以知觉为深色背景下的浅色花瓶，又可以知觉为浅色背景下的双人头像。如图 2-1-4 所示，是木雕艺术家艾契尔（1938 年）的一幅著名木刻画，主题为《黎明与黄昏》，假如从图的左侧看起，我们看到的是一群黑鸟离巢的黎明景象，若从右侧看起，看到的则是一群白鸟归林的黄昏景象。在长时间注视过程中，人往往会获得忽而白鸟、忽而黑鸟的知觉经验，这就是知觉中的对象与背景互换的知觉现象。

图 2-1-3　双关图

图 2-1-4　黎明与黄昏

2. 知觉的整体性

是指人根据自己的知识经验把直接作用于感觉器官的客观事物的多种属性综合为一个整

体的过程。如客人在餐馆用餐，对餐馆的评价是通过餐厅的环境、布置、卫生、服务态度、菜肴质量等多项指标而做出的整体评价。如图2－1－5、2－1－6我们分别会把它们看成是一个长方形和三角形，而不会把它们看成几个有缺口的小圆形。

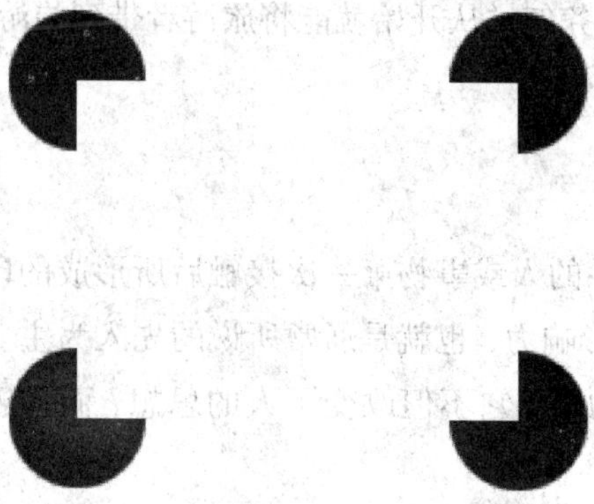

图2－1－5 长方形

图2－1－6 三角形

3. 知觉的理解性

人们在知觉事物时，总是要根据已有的知识、经验来理解它们，并用词将它们标志出来，说明它们是属于某一类事物。如面对一根木头，农夫知觉为烧柴，木工知觉为木料，艺术家知觉为木雕原料，清洁工人知觉为垃圾。又如游客在接触新的、陌生的景点时，总要和自己熟悉的景点进行对比，来接受新的景点。

4. 知觉的恒常性

当知觉条件在一定范围内发生变化时，知觉映像仍然保持相对不变的特性。知觉的恒常性在视觉中表现得最为明显，主要包括：大小恒常性、形状恒常性、亮度恒常性、颜色恒常性等。如乘坐在高空飞行的飞机上，看到地面的楼房像玩具积木一样大小，但在心理上不会把楼房知觉为玩具积木；不论从哪一个角度看一个碗，我们都会把它知觉为圆形，不会因为观看的角度不同而知觉成椭圆形；在强烈的阳光下，煤反射的光量要远远大于黄昏时白色粉笔所反射的光量，即使是这样我们还是把煤知觉为黑色，把粉笔知觉为白色；不论是白天还是黑夜，我们依然会把红旗知觉为红色。

综上所述：感觉是知觉的基础，知觉是感觉的深入。在认识过程中，感觉和知觉是认识客观事物的起点。

第二节 影响旅游者感觉、知觉的因素

【引例】：在古代希腊的传说和诗歌中，曾写到雅典执政官审判艺妓弗丽娜的场面。当弗丽娜披着长衣被带进大厅时，激愤的人群大喊大叫：“处死她！处死她！”严厉的法官已决定判她死刑。就在这时，弗丽娜的辩护人从她身上取下紫红色的长衣，法官和人群都惊呆了，在他们的

眼前，是一位美妙绝伦的艺妓，于是："神圣的形体发射出\静谧清丽的光彩\人群，一刹那前还在怒吼、将这冷傲的艺妓处死！\倏忽间\全都哑口无言\沉醉于阿佛罗狄斯的庙宇。"

旅游者对旅游环境的印象是从感觉、知觉开始的，也就是说旅游者的游览过程就是对各种旅游环境的感知过程。旅游产品、旅游服务怎样从开始就能将旅游者带到旅游的意境中去，是吸引旅游者的关键。

一、首因效应

首因效应又称第一印象，就是对不熟悉的人或事物第一次接触后所形成的印象。它对人们后来形成的总印象具有较大的决定力和影响力，也就是通常所说的先入为主。引例中的弗丽娜给人的第一印象，竟产生如此巨大的力量，它不但改变了人的思想，而且还使人改变了初衷，做出了超乎寻常的决定。

旅游者最先接触的旅游从业人员和景点会给旅游者留下极深刻的印象，旅游者会由此联想到整个行程。因此旅游从业人员，旅游产品给游客留下良好的第一印象是非常重要的，首先是外表起作用，然后是内在因素。为此不论是商业酒店，还是旅游饭店，都特别注重外表设计和大堂的结构布局、装饰等；从业人员的儒雅或姣好外在形象，会让旅游者耳目一新。当然，作为旅游工作者不但外在要美，而且更要美在内心，外表与内在兼而有之的美才是最受欢迎的。

二、对比效应

一般经常外出旅游的人，都喜欢用对比的形式将本次旅游与以往做一个比较，而从中做出判断。如可以有导游员之间的对比，景点之间的对比，旅行社之间的对比等。特别是旅行社之间的对比很重要。因为一家信守合同、让游客满意的旅行社，会创造出不菲的经济效益和社会影响。我们知道美国希尔顿饭店从开业至今始终在同行业中立于不败之地，就是它的享誉全球的服务理念。相反，一味追求经济效益而忽视社会影响的企业，不会在日益竞争的市场经济大潮下有立足之地。

知识阅读：

希尔顿饭店

美国希尔顿饭店创立于1919年，它从一家饭店扩展到100多家，遍布世界五大洲的许多城市，成为全球最大规模的饭店之一。其成功的秘诀就在于"今天你微笑了吗?"这样一条看似简单的服务理念。

当年(1919年)，希尔顿的父亲因车祸去世，母亲鼓励他做点事情。希尔顿怀揣5000美元，只身来到了德克萨斯州，买下了他的第一家旅馆——梅比莱旅馆。经过一番苦心经营，他的旅馆资产达到了5100万美元。他欣喜而自豪地将这个成绩告诉了母亲。

他的母亲听完后，淡然地说："照我看，你跟从前没什么两样。要想成大事，你必须把握住比5100万美元更值钱的东西，除了对客人的诚实以外，还要想方设法让每个住进你旅馆的人住了还想再来住。你要想出一种简单、容易，不花本钱而行之有效而又可以长久的办法去吸引客人，这样你的旅馆才有前途。"

图2-2-1　希尔顿饭店

母亲的话很简单，却引起了希尔顿的思考。最后，希尔顿终于想出来了，这就是微笑。只有微笑才能发挥如此大的影响力。

这一天，希尔顿上班后的第一项工作便是把手下的所有员工找来，向他们灌输自己的经营理念："微笑。"他对员工们这样说道："我今后检查你们的工作的唯一标准是，你今天对客人笑了吗？"

从此以后，希尔顿每到一处同员工说得最多的就是这句话。即使在美国经济萧条的1930年，旅馆业80%倒闭，希尔顿旅馆同样难免噩运的情况下，他还是信念坚定地鼓舞员工振作起来，共渡难关。他对同事们说："即使是借债度日，也要坚持对客人微笑。我们万万不可把心中的愁云摆在脸上，无论遭受何种困难，'希尔顿'服务员脸上的微笑永远属于旅客。"

他的信条得到了员工的理解和支持，那一年，在那纷纷倒闭后剩下的20%的旅馆中，只有希尔顿旅馆服务员的微笑是最好的。

经济复苏后，希尔顿饭店果然进入经营的黄金时期。他们添置了许多一流设备。当再次巡视时，希尔顿问他的员工们："你们认为还需要添置什么？"员工们回答不出来。他欣慰地笑了，然后又认真地说："我们还要有一流的微笑！如果单有一流的设备，没有一流的服务，我宁愿弃之而去住那种虽然地毯陈旧些，却处处可见到微笑的旅馆。"

1979年，这位最喜欢微笑的老人去世了。他为世人留下了两样东西，一是遍布全球的"希尔顿帝国"，二是他用亲身经验写成的一本《宾至如归》。数十年来，这本书一直被希尔顿员工视为“圣经”，而书中的核心内容就是：“一流设备，一流微笑。”

三、客观因素

（一）旅游景点的对象与背景

客观事物是普遍存在的，是多种多样的，是千变万化的。可是人在对待客观事物的时候总是有选择地作为自己知觉的对象。从客观刺激物中区分出对象和背景的差别，对象和背景的转换。如去桂林的人一定要到具有“甲天下”之称的漓江去看一看，漓江的山和水相互映衬着，导游员在讲解两岸的奇形怪状的山时，水就是衬托，在讲解酷似一条“青罗带”的漓江水时，两岸的山就是背景。

图2－2－2　桂林山水

图2－2－3　桂林山水

（二）新奇独特景色的魅力

旅游就是一个涉猎新奇的过程，旅游者会对鲜为人知的事物格外感兴趣而去积极主动地了解、认识它们。如到广西阳朔后不仅要看它的山和水，对“图腾古道”居住的很多土著人尤

图2－2－4　图腾古道

其感兴趣。例如，他们为何以胖和黑为美？为何穿的是仿原始人的衣服，为何脚上不穿鞋子？为何表达着让人听不懂、念念有词、充满野性诱惑的肢体语言等。整个景区具有故事的动

态性，视觉的审美性，蕴藏着深刻的文化内容，具有甑皮文化所特有的神圣原始信念。从这些信念中，我们不难捕捉从远古时代开始，桂林先民在日常生活中表现出对生命的崇拜及追求人与自然和谐共处的哲理，整个景区浓缩了祖先的智慧，也表达出我们对祖先思德的激情，使万年之甑皮文化品牌重新获得生命价值。从这些追新猎奇之中，我们学到了从历史到人文的知识。

（三）借助他人的讲解

他人的言语指导有助于提高旅游者知觉的理解性，也会使旅游者增加游兴和注意力。导游员的绘声绘色的讲解，更会使旅游者对景点的知觉愈加鲜明。如面对桂林漓江畔的骆驼峰和九马画山时，看上去不过是一块大石头罢了，当导游员选好角度进行讲解时，旅游者面前立即出现了一峰骆驼图 2－2－5 和一幅水墨画的形象。

图 2－2－5　桂林漓江的骆驼峰

四、主观因素

（一）旅游者的兴趣

只有感兴趣的东西才能成为知觉的对象，旅游者会把自己感兴趣的事物作为感知的对象。如喜欢自然景观的游客会对高山、溪水、碧海、蓝天情有独钟，具有宗教信仰的游客则对寺庙虔诚朝拜，对历史有研究的游客会对古迹、墓碑有所偏爱等。

（二）旅游者的动机

旅游者出外旅游都是为了某种需要和一定的动机。有的是观光，有的是疗养和度假，有的是为采风，有的是为健身，有的是为商务活动……同一旅游区可能接纳的游客的动机会不同，因而他们对旅游景点的感知也会有区别。如为采风而去的特别注意细节观察，为健身前往的喜欢多运动等。

（三）旅游者的情绪

情绪会对人的心理活动产生影响，知觉也会受其影响。情绪高涨时，会主动去感知接触的所有事物，即使自然环境恶劣，也不会太在意，依然兴致勃勃地去积极感知景物；情绪低落时，会对一切漠然处之，时常表现出倦怠的心理，甚至见花落泪，对月伤心。

（四）旅游者的知识和经验

旅游者在以往积累的知识和经验会对自己的审美和判断产生影响。初游和重游一个景区得到的感受是不会一样的。当然，重游的客人相对来说收获就多些。

（五）旅游者的年龄和职业

职业的不同，年龄的差异，会对同一景点产生不同的知觉。如一名从事考古工作的学者和一名普通工人会对古墓有不同的观点，一位风华正茂的学生和一位退休的职员会对陡峭的山峰产生不同的联想。

第三节　培养对旅游者鉴貌、察言、观色的能力

【引例】： **察言观色的技巧**

某日晚19:00左右，河南海天大酒店二楼中餐厅宾客如潮，几位三十多岁的年轻男士在迎宾小姐的引领下来到餐厅。他们走进宴会厅门口的一刹那，服务员小葛有一种异样的感觉。

一般情况下，服务员迎宾时微笑的问候，应该换来客人礼貌的点头示意。而这几位好像没有注意到小葛的存在。只有最后一位好像意识到了什么。小葛赶紧热情地说："先生，晚上好！欢迎光临！"然而换来的只是眼角的一丝余光，凭第六感官，小葛感到今天的服务不能有任何闪失。

小葛小心翼翼地接挂客人的每一件衣帽，微笑地问："几位先生，用点什么茶水？"没人做出任何反应。"我们这里有毛尖、菊花、乌龙、银针等。几位喜欢用点什么？"还是没有人应声答话。他们看起来都是些有个性的客人，各自谈得兴致勃勃。

见此情景，小葛及时调整自己的服务方式，不再去打断他们，大约过了几分钟，终于有一位客人说："小姐，打开电视，新闻联播开始了吧！""是呀！7点了！"小葛边说边开电视。此时她最希望和客人有点沟通，哪怕是几句话。在他们谈话中，可以看出说话的这位是今天

的主角。“对，对，打开电视。”其余几位都附和着，小葛更肯定了自己的看法。在他们进门时，细心的小葛清楚地看到这位先生丢到备餐台上的牛黄解毒片的药袋。小葛马上说：“这一段儿天气干燥，容易上火，要不给几位沏壶菊花茶好吗？”小葛耐心、细致的服务终于得到回报，那位看电视的主宾应了一声。

客人到齐了，在领班的协助下，用了近半个小时的时间终于点完了菜。小葛看看菜单，菜点得不错，有几道海鲜，初步预算也得2500元以上，这同时也加重了小葛服务的压力。不过饮料、斟酒、上菜一切还算顺利，可好景不长，不一会儿麻烦就来了。“哎，小姐，你这是竹节虾吗？我看比虾米大不了多少，把你们经理叫来！”小葛听后，急忙说：“先生，您别着急，听我解释。这一次的虾和以前的相比是小了点，可这是野生的，别看它个小，论营养、味道远远超过那些大虾呢！”听完解释后，客人忙着细细品味那盘小虾，没人再说什么。

一波未平一波又起。那位主宾对小葛放的鱼又有意见了：“这么多人，你偏偏把鱼头朝向我，对我有看法怎么着？”“不，不敢、不敢……”小葛急忙摇头。“那今天你得给我个说法，不然这鱼头酒你可得替我喝。”客人不是很严肃，但有点故意刁难小葛的意思。见此情形，小葛便壮了壮胆略开玩笑地说：“这是清蒸鳜（贵）鱼，您说不朝着您这位贵宾，朝哪儿才对呢？”客人都哈哈大笑了，于是气氛在一个小小的玩笑后缓解了些。可鱼头酒两杯下肚，第三杯主宾说啥也不喝了，居然把那艰巨的任务交给小葛，“小姐，鱼是你放的，酒也来你解决吧！”小葛一时不知如何是好，便慢吞吞地走向主宾，端起酒杯灵机一动说道：“先生，我知道，您是不会让我为难的是吧！”“嗯，怎么会！你替我把它喝了，我给你小费。”“我们规定上班时间不准喝酒！”“我又不告诉你们经理！来……”他边说还边站起来关上门，掏出一张百元钞票放在桌上。在刚才服务中，听他们谈话得知这是位处长，于是小葛说：“先生，您是处长吧？”他居然一脸的迷茫。“您也是领导，同样和我们领导一样不希望您的下属犯错！”“好！说得好！看您还怎么推辞！喝吧，老兄，小姐腿都站累了！”在座的客人都和小葛站到了一个立场。那位主宾终于端起了酒杯，看着小葛点点头，又笑着摇摇头一饮而尽。

（资料来源：李迎刚. 中国旅游报，2001.9.14）

观察力是人类智力结构的重要组成部分，是人发展其他能力的前提。我们要认识一个事物，总是要从观察开始。有了观察，便开始有了注意、记忆、想像和思维等，没有观察，思维就会因缺少材料而得不到良好的发展。观察是认识的基础，是思维的触角，是一切科学发明、艺术创造以及人类进行有效交流的基础。要对旅游者鉴貌、察言、观色首先要有一定的观察力。

一、什么是观察

观察是指有目的、有计划、有步骤的比较持久的知觉过程。它是在感觉、知觉的基础上对事物进行感性认识的一种主动的活动形式。观察过程与思维、注意、想像等认识过程紧密结合，也可认为是感知觉的高级形式，是一种复杂的智力活动形式，人们在各类实践活动中都离不开观察。

二、观察力的培养

要锻炼观察力，应从身边的事物、所处的环境、人的特点着手。比如：你家里的桌子的位置有轻微变化、你的一个新朋友的眼皮是内双的、今天路上的车辆比以往少了一点（从此你可以去推断为什么少，发生了什么）、在餐厅见到的某个陌生人是个左撇子、你周围的人的表情和穿着等等。

观察是一种用心的行为，而非随随便便地“看”。观察一个楼梯，你可以算它的级数、高低，光是看的话，你可能只是记得：它是一个楼梯。

在初练观察力时，最好养成有意识的观察。针对一个平凡的事物，你应有意地细微地观察它所具有的特征，注意常人难以发现的地方。再有，通过对比也是训练观察力的好方法。如：今天和昨天的窗户上的灰尘有什么变化、股市的变化并推测其未来趋势。观察，不仅要观察其内在本质，也要着重于发现事物的变化。

总之，持有一颗观察的心并付诸实践，长此以往，便可以训练出潜意识的观察能力，即：对于什么事物，都会习惯性地去观察。这是一种好习惯。

图 2－3－1

图 2－3－2

（一）比较异同

旅游工作者接触的旅游者不可能都是一个层次，可能有地域差异，有年龄差异，有文化差异，有性格差异……可以对不同特征的旅游者进行比较，找出他们的异同点，这一点需要平时多做练习。如我们观察两幅相似的图 2－3－1 和图 2－3－2 找出其不同点，都是平时训练观察力的有效方法。

（二）全面了解

要想了解观察对象的全部特征就要不忽视任何一个细节，尽可能挖掘其所有特点。相信看过《福尔摩斯探案全集》的朋友都知道这样一个场景：在福尔摩斯第一次与华生见面时，立刻就辨别出华生是一名从阿富汗回来的军医，福尔摩斯为什么能够辨别出来面前的这个人就是一名军医呢？是观察！敏锐的观察力决定了福尔摩斯能够立刻辨别出一个人的职业。其实，从上面这个例子可以看出，福尔摩斯之所以能够很快地侦破很多悬案，都是取决于他敏锐的观察力。

观察力的敏锐程度决定了一个人透露出来的信息的多少，也就是说，只有敏锐的观察力才能尽可能多地将一个初次见面的人的信息更好地把握住。

（三）细致入微

敏锐的观察力要求我们要尽量捕捉观察对象的细微变化和差异，以防因小失大。因为在旅游过程中一个细微的动作都可能反映出旅游者的真实心境。如图 2－3－3 和 2－3－4 中，你能找出几个不同之处呢？

图 2－3－3

图 2－3－4

（四）学习经验

我们要善于学习和总结他人的经验来丰富自己的观察力，特别是要与具有良好观察力的人共同观察，以克服自我观察容易产生的主观性和片面性。

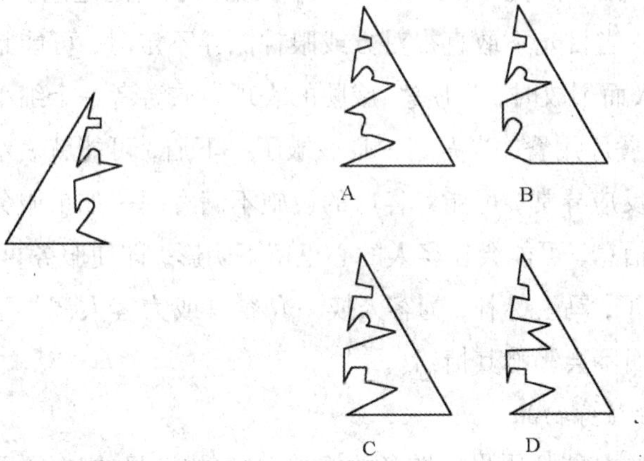

图 2－3－5

图 2－3－5 中，A、B、C、D、中，哪一幅可以和左图拼出一个完整的三角形来？

三、怎样对旅游者鉴貌、察言、观色

（一）观察旅游者的衣着服饰

一个人的衣着、佩戴，能体现出他（她）的社会地位、文化修养、从事职业、气质性格、宗教信仰等方面的信息。如：白领穿着比较讲究，男士是西装革履，女士是职业套装，以显精明能干的形象；学者一般穿着比较保守，给人以文质彬彬的形象；商人则讲究名牌服装，喜欢佩戴首饰、名表等，以显示自己的经济实力。许多国家和地区还保留着传统的民族服饰，阿拉伯地区的人喜欢穿白袍，女性戴面纱。英国人讲绅士风度，美国人喜欢轻松随意，印度人女性喜欢佩戴首饰等。

（二）观察旅游者的体型、肤色、面部轮廓、发色和发型

旅游者的体型、肤色、面部轮廓、发色和发型，基本能代表他们的国籍、地域、民族等。欧洲人身材高大，白肤金发；非洲人黑肤卷发、个子细高。我国北方人身材魁梧，面堂高挺，声音洪亮；南方人身材矮小，个别地域颧骨突出，即使男性说话也和声细语。发型也很能表现一个人的个性，搞艺术的人喜欢比较夸张的发型，显示出与众不同；留有时尚的发型一般是性格开朗活泼的人。

（三）观察旅游者的语言

从一个人的说话内容、语速、声调、口音等，可判断出其职业、文化程度、自身修养、性格、气质等。有较高文化修养的人谈吐斯文，注意语言的修饰；商人喜欢张扬，喜欢炫耀自己；教师喜欢说教；身份地位较高的人常以命令的口气与人交谈。常言道：三句话不离本行。另外还能从语种或方言等判断旅游者的国籍、地域。

（四）观察旅游者的面部表情和眼神

人的面部有丰富的表情变化，可以显露出情绪、性格、需求等特点。眼神比表情更能体现出人的内心世界。因为眼睛是心灵的窗户。一个人如果长时间地注视某种事物，说明他对该事物感兴趣或有需求；当目光不敢直视对方或眼神漂浮不定时，可能是比较恐惧、害羞、尴尬等；当眼神直视某一人而不放时，是愤怒、威胁的表现。旅游者一个细小的表情会传递一些需求信息。如客人进入餐厅用餐，当看到餐具后皱了一下眉，可能就表示他对餐具的卫生有怀疑，客人进入客房时反应异常，可能对客房的设施不满意……如果服务人员没有注意这些细节，错过了这么一个信息，可能会在客人的心里留下阴影，即使服务再好，也会打了折扣；细心的服务员如果发现了，马上弥补，为客人换一套餐具或为客人调一下房间，客人就会感受到热情周到的服务，而不会影响其情绪。

（五）观察旅游者随身物品

旅游者随身带的物品能透露出旅游者的旅游动机、旅游目的、职业及性格等信息。自助旅游者行李会很多；商务旅游者的行囊一般很简单，常带一个公文包；情侣和度蜜月的游客衣着鲜艳；探访亲友的游客带的物品较多；搞学术交流的人一般会带有纸质材料或笔记本电脑；有些旅游者的行李或衣服上会贴上标签或标志，这些标签或标志往往是游客国籍、职业、身份的象征。有时也可以当做无人认领的行李的标志。

（六）观察旅游者的肢体语言

肢体语言指手势、头势、行走姿势等，可以代表一个人的国籍、民族、职业、性格、情绪、需求等。中国人比较含蓄，很少用肢体语言，以免叫人觉得粗鲁；而西方国家（特别是美国和法国人）在交流时常伴有生动夸张的肢体语言。手势和头势所表达的意思也因国家的不同而产生差异。如我国和大多数国家的人用“点头”表示同意、赞成，“摇头”表示反对、不同意。而印

度、斯里兰卡、尼泊尔、巴基斯坦等国家的部分地区则相反，“点头”表示反对，“摇头”表示同意。从行走上能看出一个人的性格。外向的人，行走姿态敏捷灵活，内向的人，走路缓慢；军人走路正规沉稳；舞蹈演员、运动员行走轻盈。行走有时会随心情的变化而变化，情绪焦躁时，步伐急促，情绪忧郁时步伐缓慢。

（七）观察旅游者的生活习惯

人的生活习惯因国籍、地域、民族的不同而存在差异。如信奉伊斯兰教的阿拉伯游客，每逢伊斯兰教历“斋月”，从日出到日落都戒饮戒食，虔诚祈祷，不希望别人打搅。欧美国家的人忌讳数字“13”；日本人忌讳数字“9”，因日本人认为“9”与“苦”同音；我国港澳人喜欢数字“8”，其谐音是“发”，不喜欢“4”。所以在给旅游者安排房间的时候，要考虑数字因素，以避免将其安排在所忌讳的数字的楼层或房间内而引起旅游者的不悦。

总之，如何对旅游者鉴貌、察言、观色，是一门学问。本节开头的“引例”就是服务员小葛根据自己积累的经验，并对客人通过鉴貌、察言、观色、听声、交流，从而判断出客人的职业、地位，才随机应变，耐心地为客人服务，既让客人满意又使自己不受委屈，比较圆满地完成了工作任务。在具体的工作实践中我们应该虚心学习，不断地总结经验，取他人之长，为自己所用，力争为旅游者提供最优质的服务。

知识阅读：

手势语言

德国柏林的蒂尔加藤区法院曾经审理了一起奇特的官司。被告是位司机，路遇警察，把手伸出车窗，朝警察做了一个简单的手势：拇指和食指合成一个圆圈。于是，警察状告该司机侮辱了他。

这个手势在不同的文化里有不同的含义，从表示喜悦、赞叹到严重的侮辱。在俄罗斯，

这种手势出现餐厅或食品店的广告中：一位胖厨师头戴厨师帽，拇指和食指合成一个圆圈，表示这里食品品种丰富。

德国警察以侮辱罪把司机送上法庭，法官找遍文献资料，还请教了心理学家，最后判决：这个手势在德国有两种理解，怎么对待就是个人的事了。司机被宣告无罪。

如果邀请柏林工程大学的符号学家出庭的话，那么，他们会告诉你，在2500年前的古希腊的花瓶上就有“圆圈”手势。在希腊人眼里，这个手势同样有两种含义，不过都是正确的。第一，象征爱情——嘴唇接吻的图形；第二，赞扬讲演者表达准确或用词精辟。出现侮辱性的解释要晚得多。

但是，有些手势很早以前就被认为不礼貌和有侮辱性。例如，妈妈告诉孩子，用手指指人是不礼貌的，但她未必知道，根据公元前1750年的汉穆拉比法典，做这个手势是要受罚的。在古代巴比伦，用手指点被看作是暗示要用矛和箭杀死对方。

专家们做过统计，身体姿势、脸部表情、手或手指的动作总共能表达约70万种不同的信号。这比任何一种语言的词汇量多得多。

据说，裴迪南·那不勒斯国王于1821年被阴谋家推翻，后来，他回到故乡城市，从阳台上面对集合在宫殿前的人群发表讲话。由于人声嘈杂，国王连自己的说话声都听不清，所以，只好改用手势。在相当长的讲话中，他责备自己的人民、威胁政变的组织者、宽恕偶然的卷入者、慷慨许诺自己的支持者，所有这些，他没说一个字，但是，他的南方老乡都明白了。虽然手势相同，但不同的民族有不同的理解。符号学家已多年在研究中欧各民族的手势语言。例如，保加利亚人点头不算摇头算。离保加利亚不远的希腊人也如此。当代那不勒斯人表示否定也与此有相近之处：抬起头，不过同时还要噘起下嘴唇。古埃及人和古中国说“不”，则把手掌前伸，做出防御手势。

我们常用的V字形手势通常表示胜利。拉丁字母V是英语单词VICTORY(胜利)的第一个字母。在百年战争期间，作战双方经常砍掉对方被俘人员右手的两个手指，这样他就无法拉弓箭和嘲笑对方。但使用V手势时千万小心，它还有许多截然相反的用法。在英国，如果手掌向内，带有猥亵之意。到了法国更离谱——暗示“你是戴绿帽子的人”。有一次，华盛顿举行隆重的仪式，老布什夫妇站在白宫的讲台上，把手举过头顶做V手势。在场的外国客人大吃一惊：身边的法国人该如何想呢……

(资料来源：丁永明译.海外文摘，2004.7)

第四节　培养良好的注意力、记忆力和思维能力

一、良好注意力的培养

（一）注意的概述

1. 注意

心理活动对一定对象（事物）的指向和集中。注意不是一种独立的心理活动，是各种心理活动顺利完成的重要条件。任何心理活动在刚开始时，注意首当其冲，离开注意，心理过程将无法实现。

2. 特征

（1）指向性——即心理活动选择和确定的特定对象和范围。

例如，我们在专心看一本书，心理活动都集中在书中故事的情节里，旁边的人跟自己说了几句话，自己都没有反应。

（2）集中性——即心理活动能在特定对象和范围中保持并持久。

例如，餐厅服务员为客人斟酒，导游员在做景点介绍，总台服务员在收银等，都需要服务员排除干扰，集中注意力，才能保证不出差错。

（二）注意的外部表现

1. 适应性运动

听觉会随着声音传来的方向而“侧耳倾听”，视觉会被眼前的事物吸引而“举目凝望”。

2. 无关运动的停止

当人对某一事物特别注意时，常常表现出静止状态，是紧张注意的特征。例如，我们在听评书的时候，听到入神时，原来进行的各种活动都会不知不觉地停下来，全神贯注地听着。

3. 呼吸运动的变化

人在注意时会出现“屏息”的现象，呼吸变得轻微、缓慢，有时是暂停状态。如我们看电影时，出现恐怖场面或刺激的镜头，呼吸运动会发生急剧变化。

（三）注意的种类

1. 无意注意

是指没有预定目的、不需要做意志努力的注意，也叫不随意注意。如我们走在路上突然有一种震耳欲聋的响声，大家都会不自觉地注意到这个响声。黑暗中突然的一丝光亮也能引起我们的注意。无意注意是怎样产生的呢？

（1）刺激物的自身特点

强烈的刺激物可以引起无意注意，例如，震耳欲聋的响声、刺眼的光线、与众不同的物体等。图 2－4－1 中较大的苹果先被人们注意。

另外,我们在餐厅用餐时，服务员都是统一着装，突然出现的与服务员服装有区别的工作人员，容易引起我们的注意，她可能是领班或经理等。

图2-4-1 苹果

(2)人自身的状态

同样的一些事物，由于人本身状态不同，会引起一些人的注意，而不被其他人注意。例如，在酒店客房内，习惯用空调来调节温度的人，对空调发出的声音就不会太在意，而不习惯使用空调的人，就会对空调发出的声响特别注意甚至是反感。

2. 有意注意

是一种自觉、有预定目的、需要一定意志努力的注意。也叫随意注意。我们为了顺利完成某种活动或工作，就要有意识地集中注意于相应的对象上，通过意志努力克服各种无关刺激的影响，达到一定的目的。如导游讲解员在做景点介绍时，没有有意注意，可能会被其他的旅游团队的活动吸引他的无意注意，他就无法正常工作了。

有意注意和无意注意在实际活动中往往是共同参与、相互交替的，有时这种交替可以使活动达到最佳效果。

(四) 良好注意力的培养

1. 努力提高注意的稳定性

注意的稳定性就是长时间地保持注意在某一事物或某一活动上。例如，学生在课堂上听课如果不能做到注意的稳定性，就会出现对知识掌握的不扎实、不具体。服务员在服务中走神儿，会遭到客人的投诉等。那么，怎样提高注意的稳定性呢?

(1)要明确活动的意义

尤其是服务工作要深刻认识其意义。例如，学生课堂上没注意听讲，还有弥补的机会，再请教老师能解决，服务工作一旦失误将难以挽回。

(2)要培养对活动的兴趣

有兴趣的活动才有动力。旅游从业人员一定要培养自己对旅游工作的浓厚兴趣，不断丰富自己的专业知识，要有爱岗敬业的精神，排除工作中的消极态度，要经常树立为客人提供优质服务的意识。

2. 努力扩大注意的范围

注意的范围是指在一定时间内能注意到对象的数量。

注意范围的大小和个人的知识经验有密切的联系，人们越熟悉的事物注意的范围就越大。如有丰富经验的导游员注意的范围大，可以在服务中全面掌握旅游者的情况，做到“眼观六路，耳听八方”，对旅游者的细微变化能迅速察觉，有针对性地满足客人的需求。如果导游员服务经验不足，服务中会出现“捉襟见肘，手忙脚乱”的现象，势必会给客人带来不满的情绪。同时注意范围的大小也受任务要求的影响。任务重、要求明确，注意的范围就大。如第三节“引例”中的小葛，就是一个有丰富经验的服务员，才做出了“凭第六感官，感到今天的服务不能有任何闪失。”的推断。

3. 合理进行注意分配

注意的分配是指在同一时间内，把注意指向两种或两种以上的对象或活动上。例如，司机开车，驾驶的同时还要留意路上的交通状况；医生看病人，既要询问以前的病史，还要通过仪器判断病人的病情，甚至有时还要故意分散病人的注意力。

合理的注意分配是有条件的：首先，在同时进行的活动中至少有一种已经达到相当熟练的程度；其次，这些活动不能互相排斥。例如，医生在对病人用听诊器的同时可与病人交谈，因为“听”和“说”的活动不排斥，而医生不可能同时拿两个听诊器为两位病人看病，否则，根本无法判断病情。

二、良好记忆力的培养

(一) 记忆概述

1. 记忆

记忆是人脑对过去经历过的事物的反映。例如，我们今天能将昨天晚上看过的一部电影、一部电视剧、一场比赛等，绘声绘色地讲给别人听。这说明客观事物作用于感觉器官时大脑就会对这些事物做出反应，产生感觉和知觉。当客观事物离开感知范围后，相应的感知觉也会消失，但这些客观事物在大脑中产生的印象不会立即消失，可以保留一段时间。所以即使一些过去经历的事物不直接作用于感觉器官，大脑仍可出现它们的映像，这种现象就是记忆。

2. 分类

(1)按内容分类

A. 形象记忆，是以感知过的事物的具体形象为内容的记忆。例如，对物体的颜色、体积、形状，人的外貌、仪表等的记忆。

B. 逻辑记忆，是以抽象的概念、公式、规律及定理等逻辑材料为内容的记忆。如搞科学研究的工作者离不开逻辑记忆。

C. 情感记忆，以体验过的情感为内容的记忆。例如，喜欢旅游的人会经常陶醉于曾经去过的名胜景地等。

D. 运动记忆，是以人们操作过的运动状态和动作形象为内容的记忆。如餐厅服务员或客房服务员的摆台、铺床的操作技能，就要利用运动记忆。

（2）按保持的时间分类

A. 瞬时记忆也叫感觉记忆。电影、电视剧、动画就是根据这个原理制造出来的。

B. 短时记忆。记忆所保存的都是刚刚发生的事。如我们要打一个不熟悉的电话，查到号码后立即拨打，号码随之就忘掉了。

C. 长时记忆。经历过的事物能在大脑中保持比较长的时间，有的可能终身不忘。例如，经过寒窗苦读最终收到大学的录取通知书的时刻，会令人铭记脑海。

（二）记忆的过程

1. 识记

识别和记住事物。是记忆过程的第一步，又分为有意识记和无意识记。

2. 保持

是识记的延续，将识记的事物进一步在头脑中巩固。

3. 再认

也叫认知，指过去经历过的事物再度出现时，能够熟悉并确认出来。它是对记的过程的检验。

4. 重现

也叫回忆，指识记过的事物不在眼前，但能在头脑中重新回想起来。回忆不是识记的简单再现，它须伴随着联想、思维等心理活动的参与才能实现。

在记忆的四个过程中，识记和保持是“记”的过程；再认和重现是“忆”的过程。二者是紧密联系缺一不可的。首先“记”是“忆”的前提和基础，没有识记和保持，就不会有再认和重现；“忆”是“记”的表现和结果，没有再认和重现，“记”就无从得到证明。

（三）良好记忆力的培养

1. 明确识记的目的、任务和信心

如果没有明确的识记目的，即使是经常接触的事物，印象也不会深刻。例如，我们有过这样的经历，刚刚离开与我们在一起待了一天的朋友，再问起我们，朋友穿的什么样式的衣服，我们会觉得模糊不清，无法准确回答。因而我们在接待旅游服务前，一定要明白接待目的、具体任务，信心十足地去工作。

2. 掌握正确的识记方法

(1)多种感官记忆法

充分利用自己的感觉器官:眼看、口读、手写、耳听。

(2)尝试回忆法

可以使大脑处于积极地活跃状态。

(3)分段、分散记忆法

把要记的内容分开来记。

(4)列表对比记忆法

图表可以使复杂的内容简单化。

(5)自编提纲记忆法

把主要内容以提纲的形式出现,抓住主线,其他也就容易了。

(6)特征记忆法

抓住事物的特征记忆,会节省很多时间。

(7)联想记忆法

例如一些枯燥的数字可以编成一首诗歌,便于记忆。

(8)自编顺口溜记忆法

可以将比较枯燥的事物编成容易上口的顺口溜,便于记忆。

我国主要的省市自治区直辖市就曾被编变成了顺口溜:两广两湖两河山,五"江"云贵福吉安,川藏二宁青甘陕,还有内台北上天。这样很容易就将主要地名记住了。

(9)争论记忆法

人与人在争论时,注意力高度集中。可利用这一点增强自己的记忆力。

(10)趣味记忆法

我们平时应注重培养自己的兴趣,尤其是旅游服务人员爱好应广泛。最好能把枯燥乏味的事物使其形象化,就便于记忆了。

3. 合理地安排好复习

(1)及时复习

复习是对记忆的巩固、强化,如果错过复习的时机,会浪费更多的时间重新识记。

(2)复习安排要合理

复习安排应先紧后松。复习的效果不是取决于复习的次数,而是要分配好复习的时间。刚学过的知识要适当增加复习时间,而随着记忆巩固程度的提高,复习的时间和次数可以逐渐减少。

4. 利用联想增强记忆

培养良好的记忆力要善于利用各种记忆之间的联想。由回忆一件事、一个人,联想到与之相连的其他事和人。例如,我们来到一个新的景点旅游,马上会联想到曾经去过与之相似的景点;我们在街上偶遇以前的同学,不免想起曾经上学时的一些趣事等。所以良好的想像力可以提高记忆的敏捷性和备用性。

知识阅读：

记忆的黄金时间

心理学家的一些研究结果表明，一天有四段高效的记忆时间。第一段是清晨起床后一小时左右，在这段时间进行记忆，可以防止前摄抑制的干扰。所谓前摄抑制，就是先学习的材料对后学习材料的干扰作用。第二段是早上八点至十点左右，在这段时间里人的精力上升，处于旺盛期，记忆的效果比较好、容量也比较大。第三段是傍晚六点至八点左右，这段时间也是人精神状态比较好的一段时间，英国剑桥大学戴维等三位教授研究认为，这段时间为“一天记忆的最佳时间”。第四段是晚上睡前一小时左右。美国的两位心理学家做过一个这样的实验，让两个人记忆十个无意义的音节后，其中一个人可以睡觉，另一个人则安排一些

活动给他，使他不能睡觉。过了几个小时后，心理学家检查这两位参加实验者的记忆，结果发现直接睡觉的人记忆效果较好，这是因为睡觉时没有太多的东西干扰睡前记忆的材料。由于个人的实际情况不同，记忆的黄金时间也不会完全一样，所以要根据自己的特点和生活规律找出自己最佳的记忆时间。

三、良好思维能力的培养

（一）思维的概述

1. 思维

思维是人脑对客观事物间接的和概括的反映。思维是以人的感觉与知觉所获得的感性认识为前提，并在实践的基础上进行的，是认识过程的高级阶段，又叫理性认识。例如，我们白天出门没看到天上的太阳，就知道是阴天；走到一栋崭新的建筑物前，看到门前有大红的拱门和花篮，我们就知道这里有开张庆典等。

2. 特点

(1) 间接性

是指思维是通过其他事物的媒介反映事物的本质特征和联系，不是直接反映事物。例如，当我们看到考生兴高采烈地从考场里出来，我们就可以推测他今天一定发挥得很好。虽

然我们没有同考生一起考试，但从他的面部表情上，间接地了解了他。导游员也可以通过旅游者的口音、语种，判断其地域、国籍。这类的例子很多。

(2)概括性

是指思维反映的不是个别事物或事物的个别属性，而是同类事物的共性和事物之间的联系。例如，旅行社的各种服务规范，就反映了旅游者的共同要求。

(3)借助语言

没有语言，人的思维就无法进行。语言是思维的工具,是思维的物质外壳，思维的概括是用语言来完成的。语言可分为外部语言和内部语言。(外部语言:包括书面语和口语。内部语言:不出声的语言，思考问题时使用)

3. 思维过程

思维是通过人脑对已有的感性材料进行分析、综合、比较、抽象、概括等过程实现的。

(1)分析

是人脑把事物的整体进行分解和把整体事物的个别属性分解的过程。例如，把地陪导游服务分为:准备阶段、迎接服务、入店服务、核定行程、参观游览服务、其他服务、送站服务等步骤。

(2)综合

是把事物的个别特征和个别属性结合起来进行分析思考的过程。例如，将上述地导服务步骤联系在一起，就形成了“地陪导游服务规范”。

(3)比较

是人在思考过程中，把某一类的事物加以对比，从而确定它们的异同及相互联系。例如，旅游者对旅行社与旅行社之间服务质量的对比、对导游员与导游员之间服务态度的对比。

(4)抽象

是指人在思考过程中，把事物本质属性和非本质特征区别开来，找出事物的共同属性和本质特征的过程。例如苹果、香蕉、牛梨、葡萄、桃子等，它们共同的特性就是水果。得出水果概念的过程，就是一个抽象的过程。要抽象，就必须进行比较，没有比较就无法找到共同的部分。

(5)概括

是把事物的共同属性和本质特征加以综合，并推广到同类事物中去的过程。例如，宾客对饭店的地理位置、设施设备、整体环境、交通状况、服务项目、收费标准等都有各自的要求和标准，但共同的要求是服务质量优秀。所以，想方设法提高饭店的服务质量就是饭店行业的共同属性。

知识阅读：

阿基米德原理(浮力原理)的发现

公元前245年，赫农王命令阿基米德鉴定金匠是否欺骗了他。赫农王给金匠一块金子让他做一顶纯金的皇冠。做好的皇冠尽管与先前的金子一样重，但国王还是怀疑金匠掺假了。他命令阿基米德鉴定皇冠是不是纯金的，但是不允许破坏皇冠。

这看起来是件不可能的事情。在公共浴室内，阿基米德注意到他的胳膊浮到水面。他的大脑中闪现出模糊不清的想法。他把胳膊完全放进水中，全身放松，这时胳膊又浮到水面。

他从浴盆中站起来，浴盆四周的水位下降;再坐下去时，浴盆中的水位又上升了。

他躺在浴盆中，水位则变得更高了，而他也感觉到自己变轻了。他站起来后，水位下降，他则感觉到自己重了。一定是水对身体产生向上的浮力才使得他感到自己轻了。

他把差不多同样大小的石块和木块同时放入浴盆，浸入到水中。石块下沉到水里，但是他感觉到石块变轻。他必须要向下按着木块才能把它浸到水里。这表明浮力与物体的排水量(物体体积)有关，而不是与物体的重量有关。物体在水中感觉有多重一定与它的密度(物体单位体积的质量)有关。

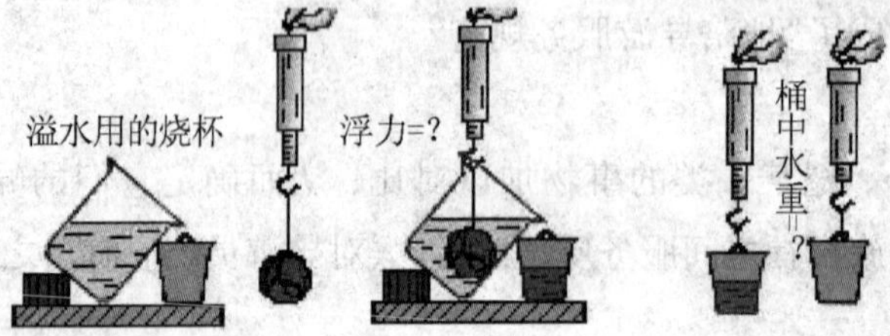

浸没在水中的石块受到的浮力跟它排开的水重有什么关系?

阿基米德在此找到了解决国王问题的方法，问题的关键在于密度。如果皇冠里含有其他金属，它的密度会不相同，在重量相等的情况下，这个皇冠的体积是不同的。

把皇冠和同样重量的金子放进水里，结果发现皇冠排出的水量比金子的大，这表明皇冠是掺假的。

更为重要的是，阿基米德发现了浮力原理，即水对物体的浮力等于物体所排开水的重量。

(二)思维的品质

1. 思维的广度和深度

广度是指全面性，就是在思考问题时从多角度入手，从本质到细节都要考虑。克服思考中的片面性，全面把握问题。

深度是指深刻性，透过表面现象寻找本质的东西，从而能够准确地认识事物的内在本质。

看似非常普通而简单的现象，对不同的人来说就有不同的思维结果。具有较好思维结果，具有良好思维广度和深度的人就会从中发现规律。例如，阿基米德在一次洗澡中发现了

"阿基米德原理(浮力原理)"，牛顿观察苹果落地的过程，发现了"万有引力定律"等。

2. 思维的独立性和批判性

思维的独立性是指善于独立地分析和解决问题。例如，有的导游员独立性很强，能主动、妥善地处理问题；有的则独立性差，事事要请示，汇报。

思维的批判性是指对已有的思维结果，不是盲目被动地接受而是能够提出质疑，判断真伪和做出正确的评价。例如，参加组团旅游中的购物，当导游员、推销员将所售商品说得天花乱坠的时候，我们经过思维瞬间产生购买的欲望，而再经过思考权衡商品的利弊和使用价值，然后根据需要而决策是否购买，就是一个思维的过程。

3. 思维的灵活性和敏捷性

思维的灵活性是指在思考问题时，能够根据情况的变化而随机应变。例如，导游员事先安排好参观旅游景点的顺序，突遇天气的变化，就可以征得团友的同意将计划加以调整。

思维的敏捷性是指面对问题，应当机立断，迅速找到解决的办法。例如，在服务行业发现客人有投诉，要马上着手解决，以免引起更大的不满，甚至影响行业的声誉。

(三) 良好的思维能力的培养

1. 要认真掌握思维的品质

只有正确掌握思维的品质，才能用正确的世界观、科学的方法去思考问题，即使在工作中遇到棘手的问题也会迎刃而解。

2. 多学习和积累专业知识

学无止境，思维的所有品质都要依赖于知识和经验。只有不断学习才能丰富自己的技能，技能越熟练思维的能力就越高，所以不断学习、不断总结经验是做好服务工作的前提。

3. 提高语言文字水平

思维的特点告诉我们思维要借助语言，语言文字是思维高度概括的结果，是思维的工具和载体。没有过硬的语言文字功底，即使有再好的思维也是"茶壶里煮饺子"，也就无法创造出灿烂辉煌的成绩。因而，加强语言文字的修养水平，对于提高思维能力有着非常重要的作用。

思考练习题：

一、填空

1. 外部感觉包括(　　　　)、(　　　　)、(　　　　)、(　　　　)和味觉。内部感觉包括(　　　　)运动觉和(　　　　)。

2. 知觉的特征有(　　　　)、(　　　　)、(　　　)恒常性。

3. 记忆的四个过程包括(　　　)、(　　　)、(　　　)和重现，重现也叫(　　　　)。记忆按内容分为(　　)、(　　)、(　　)和运动记忆，按时间分为(　　)、(　　)和长时记忆。

4. 思维的过程包括(　　)、(　　)、(　　)、(　　)和概括。思维的品质包括(　　)和深度，独立性和(　　)，(　　)和灵活性。

二、名词解释

1. 感觉　2. 知觉　3. 注意　4. 记忆　5. 观察

6. 错觉　7. 思维　8. 重现　9. 识记

三、判断下列问题对、错

1. 听觉可感受的声波频率范围是 20～20000 赫兹。(　　)

2. 观察就是比较随意地去看一个人或事物。(　　)

3. 人类有 80% 以上的信息是通过视觉得到的。(　　)

4. 在人类的肢体语言中，"摇头"不算"点头"算，可适用于任何国家。(　　)

5. 合理的注意分配不需要任何条件。(　　)

6. 形象记忆是以感知过的事物的具体形象为内容的记忆。(　　)

7. 提高良好的思维品质与提高语言文字的能力无关。(　　)

8. 思维的灵活性是指在思考问题时，能够根据情况的变化而随机应变。(　　)

9. 感觉和知觉都是认识过程的初级阶段，二者没有任何联系。(　　)

10. 间接性是指思维通过其他事物的媒介作用反映客观事物的本质特征和联系，不是直接反映事物。(　　)

四、回答下列问题

1. 感觉和知觉有哪些区别与联系？

2. 如何培养良好的注意力？

3. 如何培养良好的记忆力？

4. 如何培养良好的思维能力？

5. 举例说明注意的外部表现。

6. 导游服务人员如何对旅游者鉴貌、察言、观色？

五、案例分析题

法国巴黎旺都广场上有座举世闻名的酒店，那就是里兹大饭店。这家酒店在西欧诸国几乎家喻户晓，以至连酒店的名字"里兹"(Ritz)也成了"豪华"的代名词，后来更有"Puton Ritz"这一崭新词组的问世，意为"最豪华的消费"，显示了里兹大饭店对整个社会的影响。

里兹大饭店声誉日隆的原因是多方面的，撇开精致高贵的硬件不谈，光是服务周到细致，就足以令人瞠目结舌。如果人们稍许了解一些大饭店的软件状况，那么对这个美誉的赢得也就不会感到奇怪了。

在里兹大饭店，几乎没有办不成的事，只要客人开口，再难的事也保管办成。这主要得归功于大饭店一套强大的员工班子。

大饭店的通办部主任马修先生就是其中一位很有代表性的人物。

一天中午前后，一辆最新型的出租车在里兹大饭店门前停下，酒店一位迎宾员上前为客人打开车门。马修先生虽还未与客人打过照面，此时，他站在门前已经估计到来客是谁了。他每天要到前厅客房预订处去几回，了解当天客人的情况。他有惊人的记忆力，见过一次面，或者听说过一次，几乎都能印在脑海中。此刻客人正从出租车上走下，就在这一瞬间，迎宾员以最快的速度在记事本上记下出租车的号码，同时还留意客人携带的行李数，一并记在本子上。

这就是马修先生与众不同之处。在巴黎共有14500辆出租计程车。如果客人下车尚有东西留在车上，那么没有别的办法比根据记事本上的号码按图索骥找到出租车查个水落石出更方便的了。另外，记下从出租车取下的行李件数，以后要是客人发现缺少东西，可以有助于他查明行李究竟丢失在机场还是酒店里。

里兹大饭店依靠包括马修先生在内的大批员工的聪明才智和对酒店的一片忠诚，得以在竞争异常激烈的巴黎酒店业中始终处于领先地位。

研讨问题

1. 马修及同事借助记事本记忆事物的方法对我们有什么启发？
2. 马修记出租车号码及客人行李数有什么作用？

六、考考你的观察力

1. 试观察两幅图中有几处不同?

2. 心理学图片:测验你的智商——你能找到几张脸!

找到 0 ~ 5 张脸——痴呆

找到 6 ~ 7 张脸——傻子

找到 8 ~ 9 张脸——正常

找到 10 ~ 11 张脸——非常聪明

找到 12 ~ 13 张脸——绝顶聪明

第三章 旅游者的情感过程和意志过程

学习目标

★ 了解情感、情绪、情操、激情、心境、应激及意志的含义
★ 理解情感、情绪的区别与联系
★ 熟悉影响旅游者情绪与情感的因素
★ 掌握旅游服务中情感自控能力的培养
★ 培养坚定的意志品质
★ 理解意志过程与认识过程、情感过程之间的关系

第一节 旅游者的情感过程

情感过程是人们对客观事物经过认识之后在大脑中所产生的一种内心体验过程。俗话说：人非草木，孰能无情？人们生活在大千世界中，随时会发生喜、怒、哀、乐等情绪的变化。旅游过程就是一个情绪体验过程，探究旅游活动中旅游者的情感情绪的产生与变化是做好旅游服务的关键。

【引例】：腊月的郑州，户外显得格外寒冷，可是海天大酒店总机室内问候声和不断的键盘声显得热情而快乐，总机服务员小王不断地接着电话。

一个电话打进来，小王熟练地提起电话。“快转×× 房间！”一个急切的声音传到她耳里。得知客人要转的房间时，小王说：“先生，您稍等。”话音刚落，话筒里的人火冒三丈地说：“小姐，你什么意思，等什么等？我有急事，赶快帮我转！”

听到客人的指责，小王心里特别难受，很想对客人做一个简单的解释，但又想到客人现在挺急的，便立即敲击键盘，把电话转接到房间里，可电话响了六声还是没人接听，信号返回到了话务台，小王看到显示器上的信号，知道房间里没有人，便告诉对方电话无人接听。“怎么会没有人呢？不可能。”客人的语气显得焦急而无奈，小王很耐心地对客人说：“先生，请不要着急，我再看看能否再联系得上。”客人听到小王亲切而又耐心的话语，显得有些感动而又内疚地说：“小姐，对不起，刚才我有点急，说话可能有点情绪，请你原谅。”“不必客气，谢谢你的理解。”随后小王留下了对方的电话，并问明了客人要找的人的单位及姓名。

随后，小王便凭借丰富的工作经验，把电话打到总台，向总台接待做了简单的介绍，待

接待员查清后给了小王一条重要的线索——客人的留言。原来客人预知有人会找他，便在离开酒店时留言说如有人找他就打手机。得知这一消息之后，小王迅速打通了刚才那位先生的电话，把客人的手机号告知李先生，这使李先生连连感谢。

切断电话，小王继续自己快乐的工作。两个小时之后，总机台显示，房客内线电话，小王提起电话，是刚才那位先生的感谢，并热情地邀请小王吃饭，以表感谢。小王说:“这是我们每个话务员都应该做的，谢谢您的心意。”

一、情感的三个层次

(一)情绪

是一种主要和生理性需要相联系的内心体验。如，快乐、悲哀、烦躁、愤怒、恐惧等。它有两个方面的表现:第一,人从事某种活动时产生的兴奋的心理状态。如，生产情绪、急躁情绪；第二,不愉快的情感，如，闹情绪。

(二) 情感

是一种主要和社会性需要相联系的内心体验。如，友谊、责任、荣誉、美感、尊重、热情等。

情绪与情感是人对客观事物是否符合自己需要所产生的态度体验，它反映客观事物与人的主观需要之间的关系。并不是任何事物都能引起人的情绪和情感，只是那些与人的需要有关的事物才能使人产生情绪、情感体验。如，我们在家里，外面的交通状况不会引起我们的关注，当我们外出购物，等了很久的公交车也没有出现，我们会出现焦急、烦躁的情绪;到了商场购物，优质、热情的服务令我们满意，我们会高兴、喜悦。这说明当客观事物满足人的需要时，就能引起人的各种肯定的态度，反之就会引起否定的态度。

(三)情操

是一种高层次的情感。它是以高尚的思想为核心，并与人的日常行为、品德相结合的情感倾向。如，道德感、理智感、爱国主义、舍己救人等。

二、情感与情绪的区别与联系

尽管情感与情绪在心理学中通常都定义为“人对客观事物所持的态度体验”,但严格地说，二者是有一定区别的。

(一)引起二者的事物的性质不同

情绪多与人的生理性需要相联系。如人在饥饿时，表现出心慌、目光呆滞、无精打采等，无心思去做事;情感多与人的社会性需要相联系。如受到表扬的人会喜形于色。

(二)二者发生的角度不同

情绪发生较早，是人和动物共同有的。家里养的宠物见到主人给其喂食时，摇头摆尾，遭到呵斥时，会灰溜溜地逃窜，情绪很鲜明。而情感出现的较晚，是人类特有的心理现象，动物没有。

(三)二者在稳定性上不同

情绪有较大的情境性、不稳定性和易变性，有明显的冲动性和外部表现的特点，会随着情景的变化和需要的满足而减弱或消失。例如，本章开头的案例中的“向总台打转接电话的李先生”，开始时态度是“火冒三丈”，又到“语气显得焦急而无奈”，再到“有些感动而又内疚”，直到“小姐，对不起，刚才我有点急，说话可能有点情绪，请你原谅”(赔礼道歉)。就是一个情绪变化典型例子。而情感具有较大的稳定性、深刻性和持久性，通常以内心体验的形式存在，比较内隐，是人对事较稳定态度的反映。如，上例中的接线员小王，面对话筒那边的李先生如此发火，还是耐心地为客人服务，就是一种责任情感和热爱工作的情感的表现。所以，情感是个性结构或道德品质中的重要成分之一。

其实，要把情绪和情感在具体的个人身上严格地区分开来也是很难的，以上区别也是相对的。稳定的情感离不开情绪，是在情绪的基础上形成起来的，反过来又对情绪产生巨大的作用。情绪也离不开情感，情绪的变化在一定程度上反映情感的深度。二者在生活过程中时常会交织在一起，如亲人的逝世所产生的悲痛情绪和深厚怀念的情感就很难区别。

三、情绪与情感的分类

因为情绪与情感虽然有区别，但二者又存在必然的联系，因而将二者放在一起分类。

(一) 激情

是一种强烈而短暂的情绪状态。例如，暴跳如雷、欣喜若狂、惊恐万状等，都是这种情绪状态的反映。主要来源于出人意料的重大事件或强烈刺激。

主要特点是激动性和冲动性，时间短，冲动一过，即刻消失。

(二) 心境

是一种持久、微弱、平静的情绪体验状态。例如，愉快、焦虑、悲观、冷漠等。

主要特点是缓和而微弱，持续时间长，少则几天，多达数年，没有特定的对象。

其产生的原因有诸多方面:长时间的紧张工作、一次失败和挫折、周围环境的变化、人际关系的变化等。

(三)应激

是一种出乎意料的紧张情景所引起的情绪状态。例如，面对突然发生的火灾，控制失灵，有伤亡出现;服务工作中的宾客应接不暇;工作失误……都会引起这样的反应。

主要特点是出现得突然，没任何先兆。

(四) 热情

是一种目的明确、稳定而深刻的及强有力的情绪状态。例如，对工作、对家乡、对民族、对服务对象、对祖国的热爱等。

主要特点是稳定，深刻，持久;强有力影响人的身心，鼓舞激励人去行动。

(五)道德感

是一种与行为道德评价相联系的情感形态。人对道德观念、道德行为和道德准则的认识是产生道德感的基础，也是个人的道德需要。例如：企业信誉感、自身责任感、集体荣誉感、旅行职业道德感等。也就是说自己的行为符合道德标准时，就产生满意的道德体验，就有幸福感、愉快感、荣誉感等，反之则产生憎恶感、嫉妒感等。

（六）理智感

是一种在认识和追求真理过程中所产生的情感形态。例如，满足求知欲望、认识新的事物、解决困难、坚持原则等。人的认识活动越深刻，求知欲越强烈，追求真理的情趣就越执着，人的理智感就越深刻。理智感是认识世界和改造世界的强大动力。

（七）美感

是一种在审美时产生的情感形态。例如，对美的主观反映、对美的感受、对美的欣赏、对美的评价等。美感是人对审美对象的主观态度，因为每个人对审美的需要、观点、标准、能力有差异，那么对审美对象的态度表现得就不一样。同是一部小说、一尊雕塑，一百个人看后，对主人公的评价可能会有一百个意见，其原因就在于个体间的审美标准和对美的鉴赏能力有差别。如图 3－1－1 是一尊闻名世界的雕塑——维纳斯。懂得艺术欣赏的人把它看作是女神、爱神、美神。而对于一个文化素质不高或者不懂艺术的人来说，它就是一个残缺不全的作品而已。

图 3－1－1　维纳斯

四、影响旅游者情绪与情感的因素

（一）旅游活动中旅游者的情绪分析

1. 旅游准备阶段

心情复杂、激动、兴奋，十分向往和期盼，甚至会无法入眠。

2. 旅途之中

交通工具安全情况、畅达舒适情况，旅途是否单调。

3. 游览阶段

新奇、激动、兴奋，与事先想像有差别等。

4. 旅游结束阶段

意犹未尽、思乡、恋友、归心似箭等。

（二）旅游者情绪情感的识别

1. 通过旅游者的面部表情识别

可以通过观察旅游者的额眉、眼神、鼻颊、嘴角等面部肌肉的变化来判断其情绪。

例如，愉快时额眉平展、面颊上提、目光有神、嘴角上翘，不悦时紧锁眉头、嘴角下拉、眼睑趋近闭合等。人的面部表情最能体现出人的情趣变化，所以是鉴别情绪的主要标志。作为旅游工作者，要细心观察旅游者的面部表情变化，揣摩旅游者的心理活动，做好有针对性的服务。

2. 通过旅游者的姿态表情识别

姿态表情也就是肢体语言，是除面部表情以外的身体其他部位的表情。例如，高兴时的手舞足蹈、发怒时的双拳紧握 、悔恨时的捶胸顿足等。肢体表情用得较多的是手势表情，在第二章中已有介绍，作为旅游工作者要尽可能多地了解不同地域、不同国度的手势语言和姿态语言所表达的含义。

3. 通过旅游者的语言表情识别

语言是人们交流思想、感情的工具。从语言交流中的抑、扬、顿、挫等，也可判断出旅游者的情绪与情感变化。例如，人在高兴时声调高昂、语速畅快；悲哀时声调低沉，语速缓慢；愤怒时声音颤抖、声嘶力竭等。

知识阅读：

悲情菜单——用你的感情和客人说话

有一次，意大利著名的悲剧影星罗西应邀参加了一个欢迎外宾的宴会。席间，许多客人要求他表演一段悲剧，于是他用意大利语念了一段台词，尽管客人听不懂他的台词内容，然而他那动情的声调和表情，凄凉悲怆，不由使大家流下同情的泪水。可一位意大利人却忍俊不禁，跑出会场大笑不止——原来，这位悲剧明星念的根本不是什么台词，而是宴席上的菜单。

罗西

（三）影响旅游者情绪情感的因素

1. 满足旅游者旅游需要的因素

旅游者的旅游需要得到满足，就会使旅游者产生积极的情绪，会使旅游活动舒心顺利；相反旅游者的需要不能被满足，就会使旅游活动出现不稳定的因素，如旅游者的不配合，也会影响整个的旅游计划。因此旅游工作人员在服务中最大限度地满足旅游者的需要是自己工作的目的。

2. 旅游项目与服务因素

旅游企业是否被旅游者认可的关键因素是旅游项目与服务。旅游者外出旅游，主要是在优质服务的前提下游览到最理想、最渴望的景区或景点。这个愿望实现了，旅游需要也就得到满足了，旅游的目的也就达到了。有很多景点的设计既有自然景观又存在厚重历史文化底蕴，旅游者不仅参观了景点还学到了丰富的人文、历史知识。例如，位于河南焦作修武县的云台山就是一个这样的旅游产品：云台山以水叫绝，素以"三步一泉，五步一瀑，十步一潭"而著称。落差314米的全国最高大瀑布——云台天瀑，犹如擎天玉柱，蔚为壮观。天门瀑、白龙潭、黄龙瀑、丫字瀑皆飞流直下，形成了云台山独有的瀑布景观。多孔泉、珍珠泉、王烈泉、明月泉清冽甘甜，让人流连忘返。青龙峡景点有"中原第一峡谷"美誉，这里气候独特，水源丰富，植被原始完整，是生态旅游的好去处。云台山满山覆盖的原始森林，深邃幽静的沟谷溪潭，千姿百态的飞瀑流泉，如诗如画的奇峰异石，形成了云台山独特完美的自然景观。汉献帝的避暑台和陵基，魏晋"竹林七贤"的隐居故里，唐代药王孙思邈的采药炼丹遗迹，唐代大诗人王维写出"每逢佳节倍思亲"千古绝唱的茱萸峰，以及众多名人墨客的碑刻、文物，形成了云台山丰富深蕴的文化内涵。

河南焦作云台山的茱萸峰

图3－1－2

河南焦作云台山的红石峡

图3－1－3

3. 旅游团队内的人际关系

旅游活动是一个有组织的集体活动。在活动的过程中，除了游览景区还有一个人际交往方面。一个训练有素的旅游团队不仅可以带领旅游者尽情享受大自然的美妙风光和历史人文景观，还可以化解旅游活动中出现的不和谐的人为因素。反之，一个自私、人情淡薄，只追求经济效益的旅游团队只会让旅游者灰心、失望。

4. 旅游者的自身素质

文化程度、职业、年龄等决定着旅游者的自身素质。游览前的媒体对景点的宣传与实地游览的差异对不同的人会有不同的反响。旅游者的喜好与偏爱程度也会对旅游景区与景点有不同的理解。就像孔子所说:“仁者乐山，智者乐水。”偏爱考古和酷爱大自然风光的人，会对“兵马俑”与“黄山”有着不同的旅游情结。

五、旅游服务中的情感自控能力的培养

(一) 激情与心境的自我控制

1. 激情的自我控制

激情的产生有一定的激动性和冲动性，也可以叫爆发性。消极的激情不论对人的身心还是工作都有很大的危害性。家庭突遇重大事件，双方对立的矛盾冲突等是产生激情的主要原因，如不能很好地控制可能会终身遗憾。刑事案件中的过失伤害就是激情失去控制的后果。如何控制激情呢?

(1)躲避法

例如，旅游工作者由于某种原因与旅游者发生激烈的冲突，如果双方一直接触，可能使矛盾更加激化，激情难以控制，有可能酿成严重的后果。这时的旅游工作者应采取躲避的方法，换一个环境让头脑慢慢地冷静下来，时过境迁，可恢复平静，这是激情控制的有效方法。

(2)自我暗示法

当激情产生时，在心里默默地提醒自己:“冷静，不能冲动，冲动是魔鬼!”也可以控制激情爆发。

(3)推迟法

激情有时就是瞬间的意气用事，很短的时间就会过去，这时可采取数数的方法延迟激情的发作。

(4)联想后果法

激情爆发的时候，是丧失理智的一种表现，才会做出愚蠢的事情。如果马上想到后果，就会抑制激情产生。

(5)对照镜子法

心理学家曾经做过研究，人在发怒的时候，表情很难看，如果这时能有一面镜子看看自己的样子，也能控制自己的激情爆发。

(6)转移注意法

由于某种误会造成旅游者的过激言行甚至带有侮辱性的语言，可能听后会很委屈，这时应把注意力转移到其他方面，避免激化矛盾，等事后再做解释。

总之,控制激情的所有方法最终是要旅游工作者具有良好的品德修养，具备良好的品德素质是做好服务工作的先决条件。习惯成自然，长时间注重自己的品德修养，遇事头脑会清醒、冷静，做事才不会过激。

2. 心境的自我调节

心境虽然不像激情那么强烈，也有积极和消极的方面。积极的心境会给人的生活和工作

带来动力，消极的心境可能会影响一个人长期的生活和工作态度。例如，突然的发怒、沉默寡言、对任何事都漠不关心等，会形成内心世界的阴暗背景。怎样调节心境呢？

(1)树立崇高的信念和理想

作为一名旅游服务工作者，不仅要有过硬的服务技能，还要有崇高的信念和理想，做一行，爱一行，每天以乐观的工作态度对待服务对象，工作中把责任感放到首位，把服务对象当做自己的亲人看待，用坚强的意志去克服工作中的困难。

(2)注重自己身体素质的锻炼

不具备良好的身体素质，将一事无成。一名旅游工作者要注意劳逸结合。只有健康的体魄，才有乐观的精神状态，才能全身心地投入到工作中去。因此，只有养成良好锻炼身体的习惯，才能有良好的心境去工作。

(二)培养高尚、健康的情操

1. 培养高尚的道德感

道德感是对别人和自己的行为举止是否符合社会道德要求而产生的情感体验。当自己的行为举止符合一定的行为准则时，就会感受到道德上的满足，否则会感到内疚或不满意。例如，当我们看到见义勇为和拾金不昧的情形出现的时候，我们敬佩、赞叹之情会油然而生；相反，当我们看到欺骗和尔虞我诈的不良风气的时候，我们会投以愤怒和轻蔑的态度嗤之以鼻，这都属于道德感。

2. 培养良好的理智感

理智感是由真或假的现象所激起的心理波动状态，是与人的认识需要相联系的。人在认识活动过程中，有新创造、新发现时会产生愉悦的情感体验；在遇到阻力、困难、挫折时，会产生迷惑、茫然的情感体验；在优柔寡断、犹豫不决时，会产生焦虑不安的情感体验。这都属于理智感。

3. 培养健康的审美感

审美感来自于审美观，它受到一定的社会历史和道德标准的影响。不同的历史时期、不同的社会、不同的地域，人们的审美标准也不一样。例如，在唐代妇女以胖为美，今天女孩子追求的是苗条的身材；我国少数民族中的土著人以黑为美，而我们大多数人的观点是“一白遮三丑”等。审美观常常与道德标准融为一体。凡是符合道德标准的事物和行为，我们就认为是美的，反之就是丑的。另外也有超越时代和社会局限的美——共同美，如自然风光、艺术品等，可以不分时代，不分国度，永远都被认为是美的事物。

一个人培养健康的审美感可以提高自身的修养，对生活或对工作始终有追求、有进步。

培养健康的美感的途径很多：看书学习、欣赏音乐、鉴赏艺术作品、到大自然中陶冶情趣等。总之，只要我们放开视野，美的事物无所不在，我们会尽收眼底。

第二节 旅游服务人员的意志过程

人通过认识过程掌握了客观事物的规律之后，就要按着自己的目的去能动地利用客观事物、改造客观事物。人为了实现预想的目的，根据客观规律，能动地、坚决地克服各种困难，改变某一客观过程(自然的、社会的、心里的)的实践活动，就是意志行动，就是内部意志向外部动作的转化。意志过程是人类特有的及其复杂的心理过程。

【引例】： **无臂画家**

法国名画家纪雷有一天参加一个宴会，宴会上有个身材矮小的人走到他面前，向他深深鞠了一躬，请求他收自己为徒弟。纪雷朝那人看了一眼，发现他是个缺了两只手臂的残废军人，就婉转地拒绝他说:“我想你画画恐怕不太方便吧?”可是那个人并不在意，立刻说:“不，我虽然没有手，但是还有两只脚。”说着，便请主人拿来纸和笔，坐在地上，用脚趾头夹着笔就画了起来。他虽然是用脚画画儿，但是画得很好，足见是下过一番苦功的。在场的客人，包括纪雷在内，都被他的精神所感动。纪雷很高兴，马上便收他为徒弟。这个矮个子自拜纪雷为师之后，更加用心学习，没几年工夫便名扬天下，他就是有名的无臂画家杜兹纳。

一、意志概述

(一) 意志

意志是人们自觉地确定目的、克服困难、实现目的的心理过程。意志是在行动中表现出来的，在意志支配下的行动叫意志行动。“愚公移山”、“头悬梁，锥刺股”、“卧薪尝胆”的典故就是意志行动的表现。再有我们参加社会活动或工作的每个人，都可能在活动和工作中遇到一些问题，我们在处理问题时，难免会遇到某些困难，产生对活动和工作不利的情感，为了顺利解决问题，就要克服困难，控制情感。

(二) 意志的特征

1. 具有明显的预订目的

就是说人的活动是有意识、有目的、有计划地进行的。例如，旅游服务人员的服务规范都是为了给旅游者提供优质的服务。“优质服务，客人满意”就是最终目的。

2. 具有主观能动性

就是说为了实现目的，会竭力地克服各种困难。也就是说意志与克服困难有关，那些轻而易举地就能实现的目的，不能充分地表现出人的意识的能动性，不能称为意志。例如，每到旅游的旺季，旅游服务人员在人员紧张、繁忙时，可能会频繁带团，要实现周到服务、令旅游者达到满意的预想，就要克服自身的内心焦虑、身心疲惫等困难。

3. 以随意运动为基础

所谓随意运动是指由人的主观意识控制和调节，具有一定目的的要求和目标指向的运动，它是后天习得的。例如，旅行社要实现“优质服务”这个目的，旅游服务人员就要具备：从接团到送站等一系列最基本的随意运动，以组成复杂的旅游服务这一意志行动。

二、培养坚定的意志品质

(一)培养意志的自觉性

自觉性是指一个人对自己行动目的的正确性和重要性有明确而深刻的认识，并有效地支配自己的行动。旅游服务人员具有坚定的意志品质，才能独立、自觉地根据旅游服务规范和旅游者心理活动规律，确定工作的目的，提高服务水准，克服工作中的盲目、消极情绪和固执己见的工作作风。

(二)培养意志的果断性

果断性是指人们能明辨是非，及时作出决定并执行决定的意志过程。一名优秀的旅游服务人员，具备了意志的果断性，就能在处理旅游服务中的矛盾时，反应敏捷，当机立断，不留遗憾。缺乏果断性的旅游服务人员，在处理矛盾时会优柔寡断、草率鲁莽、留有后患。

(三)培养意志的自制性

自制性是指一个人在意志行动中，能善于控制自己的情绪，约束自己言行的意志品质。有自制性的旅游服务人员，能忍耐和克制自己，经得起各种困难的磨练，克制住不利于达到目的的言行；缺乏自制性的旅游服务人员则易被情感所操纵，任性放纵、随波逐利、不负责任等。

(四)培养意志的坚毅性

坚毅性是指一个人在执行决定时，在行动中保持充沛的精力、坚韧的毅力，克服重重困难，坚持到底的意志品质。本节开头的“引例”就是体现意志坚毅性的典型例子。杜兹纳既然做了想成为画家的决定，就要为此克服没有双手的超常人的困难。旅游工作的自身特点决定旅游服务工作分工比较细，而且琐碎单调，所以只有具备坚持不懈的意志品质，才能将自己的工作做好，让旅游者满意。缺乏坚毅性的旅游服务人员，会表现出固执任性、不听劝阻、三心二意、动摇不定的工作作风。

总之，坚定的意志品质，是在认识的基础上，在情感的激励下，在困难的环境里，在长期的实践中，通过有效培养与教育和自我修养而形成的。人有了坚定的意志品质再与其他的良好的个性特点相结合，便形成了一个人的良好的行为作风。这种良好的行为作风，是从事实践活动和各项工作所需要的心理素质。

三、意志过程与认识过程、情感过程之间的关系

(一) 认识过程是意志过程的基础

要明确活动的目的，必须依赖感觉、知觉、记忆、想像、思维等认识过程，对活动的过程和结果进行全面的分析。没有目的，意志也不可能形成。认识活动也需要有目的有计划地进行。有了意志就能调控客观事物的多样性对认识活动的妨碍。

(二) 情感与意志相互影响、相互作用

当某种情感对活动的目的有推动作用时，情感就成了意志的动力。例如，旅游服务人员为旅游者服务中，不论是景区、景点介绍还是交通住行，都表现出高涨的热情，就是服务人员不畏困难的坚强意志的表现。情感有时也能成为意志的阻力，例如，旅游服务人员对工作产生厌倦情绪时，稍有一点难处就退缩，这是意志薄弱的表现。

所以说，情感是一种特殊的认知，意志又是一种特殊的情感。因此认识是情感的源泉，情感是意志的源泉；情感最初是从认知中逐渐分离出来的，它又反过来促进认知的发展，意志最初是从情感中逐渐分离出来的，它又反过来促进情感的发展；认知、情感与意志相互渗透、相互作用、互为前提、共同发展。

思考练习题：

一、填空

1. 情绪与情感分为激情(　　　　)、(　　　　)、(　　　　)、(　　　　)、(　　　　)和审美感七种。情感的外部表现为(　　　　)、(　　　　)、(　　　　)三方面。

2. 激情的自我控制包括(　　　　)、(　　　　)、(　　　　)、(　　　　)、(　　　　)和转移注意法六种。

3. 所谓意志的随意运动是指由人的主观意识(　　　　)和(　　　　)，具有一定的目的的要求和目标指向的运动，它是后天习得的。

4. 情绪发生(　　　　)，是人和动物共同有的。家里养的宠物见到主人给其喂食时，摇头摆尾，遭到呵斥时，会灰溜溜地逃窜，情绪很鲜明。而情感出现的(　　　　)，是人类特有的(　　　　)，动物没有。

5. 当某种情感对活动的目的有推动作用时，情感就成了意志的(　　　　)。情感有时也能成为意志的(　　　　)。

二、名词解释

1. 情绪　2. 情感　3. 心境　4. 热情　5. 道德感　6. 意志　7. 情操　8. 激情

三、选择题

1. 有些人决策判断优柔寡断，工作计划杂乱无章，行为举止简单粗暴，情绪爆发难以自控，生活作风贪图享受，工作业绩不思进取。这些是(　　)。

A. 职能方面的问题　　B. 情感方面的问题

C. 认识方面的问题　　D. 意志方面的问题

2. 情绪是一种主要和(　　)需要相联系的内心体验。

A. 生理体验　　B. 心理体验

C. 运动体验　　D. 认识体验

3. 应激是一种(　　)的紧张情景所引起的情绪状态。

A. 有先兆的　　B. 出乎意料的

C. 持久的　　D. 稳定的

4. 理智感是一种在认识和(　　)过程中所产生的情感形态。

A. 实践活动　　B. 意志活动

C. 追求真理　　D. 认识活动

5. 道德感是一种与(　　)评价相联系的情感形态。

A. 情绪　　B. 情感

C. 情操　　D. 行为道德

四、问答题

1. 情感与情绪有哪些区别与联系?

2. 如何培养高尚、健康的情操?

3. 如何培养坚强的意志品质?

4. 影响旅游者情绪情感的因素有哪些?

5. 意志的特征有哪些方面?

6. 怎样调节自己的心境?

五、案例分析题

(一)琼森的故事

英国有1.35万家麦当劳，拥有它的人是一个叫琼森的人。当初琼森只是一个打工的，根本无法具备麦当劳总部所要求的75万美元现款和一家中等规模以上银行信用支持的苛刻条件。只有5万美元存款的琼森决意要在英国创立麦当劳事业。但5个月，他只借到4万元，面对巨大的资金落差，琼森没有放弃，偏要迎难而上。

于是，他叩响了伦敦银行总裁办公室的大门。在听完他的表述后，银行总裁说:“让我再考虑考虑吧。”琼森心头掠过失望，但立刻镇定下来说:“可否让我告诉你我那5万美元的来历呢?”回答是“可以”。“那是我6年来按月存款的收获，我每月坚持存下1/3的工资，雷打不动，从未间断。6年里，无数次面对过度紧张或手痒难耐的尴尬局面，我都咬紧牙关挺了过来。我立下宏愿，存够10万美元开创自己的事业，现在机会来了，我要提前开创事业。”

送走琼森后，总裁立即驱车前往那家银行，亲自了解琼森的存钱情况。果然6年来琼森风雨无阻地准时存钱，总裁听完后大为动容，立即打通琼森家的电话，告诉他伦敦银行可以毫无条件地支持他创建麦当劳事业。

研讨问题：

1. 琼森身上体现出怎样的意志特征？这个案例对我们有什么启发？

2. 自己还能举出哪些能体现坚定“意志品质”的例子？

(二)小故事《两只青蛙》

两只青蛙在觅食中，不小心掉进了一个牛奶罐里，牛奶罐里还有为数不多的牛奶，但是足以让青蛙们体验到什么叫灭顶之灾。一只青蛙A想:完了，完了，全完了，这么高的一个牛奶罐啊，我是永远也出不去了。于是，它很快就沉了下去。另一只青蛙B在看见同伴沉没于牛奶中时，并没有沮丧、放弃，而是不断告诫自己:“上帝给了我坚强的意志和发达的肌肉，我一定能够跳出去。”它每时每刻都在鼓起勇气，鼓足力量，一次又一次奋起、跳跃——生命的力量与美展现在它每一次的搏击与奋斗里。不知过了多久，它突然发现脚下黏稠的牛奶变得坚实起来。原来，他的反复践踏和跳动，已经把液状的牛奶变成了一块奶酪！不懈地奋斗和挣扎终于换来了自由的那一刻。它从牛奶罐里轻盈地跳了出来，重新回到绿色的池塘里，而那一只沉没的青蛙就那样留在了那块奶酪里，它做梦都没有想到会有机会逃离险境。

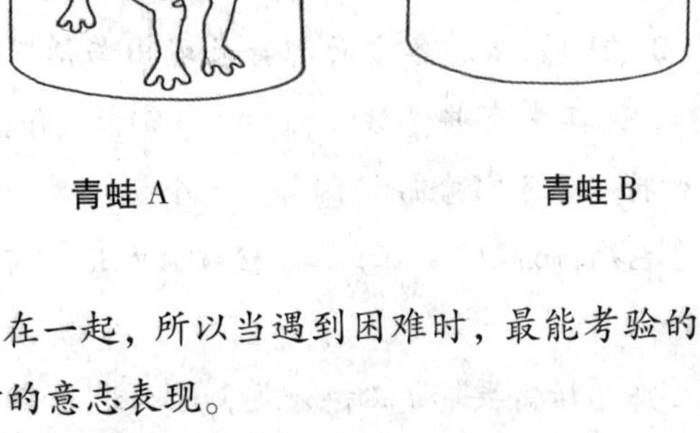

青蛙A　　　　青蛙B

研讨问题

1. 意志总与困难联系在一起，所以当遇到困难时，最能考验的就是意志力。试分析青蛙A和青蛙B在遇到困难时的意志表现。

2. 试试看你还能举出类似青蛙B的例子吗？

第四章　旅游者的个性倾向性

学习目标

★了解需要的含义及分类

★了解动机的含义及动机产生的条件

★懂得如何激发旅游者的动机

★理解兴趣的含义及特点

★掌握旅游者兴趣产生的条件

★熟悉兴趣与需要和情感的关系

名人名言

学问必须合乎自己的兴趣,方才可以得益。

对一切来说,只有热爱才是最好的老师。

知识之岛越大,好奇的海岸线越长。

知识链接:

个性：是一个人与其他人相区别的，比较稳定的心理特征的综合表现，它表现一个人的精神面貌，也有人把它叫做人格。

个性具有三个典型的特征：第一是差异性，受生理遗传、环境、受教育的程度等的影响，所形成的个性有差异。即使是一母所生的多胞胎也存在差异，有的好动，有的好静；有的聪明机警，有的愚鲁笨拙等。第二是整体性，正常人的内心世界是统一的，不会往东的同时又往西。组成人的个性的各个方面特点总是相互联系、相互制约、协调一致的，形成一个整体。例如，一个活跃的人，在认识、情感、意志各方面都会表现出与活跃相协调的特点。第三是稳定性，人都有许多心理特征，但其中有些是经常性的、一贯的，有些是偶然的、一时的，只有那些经常的比较稳定的心理特征，才叫个性。例如，一个记忆力一向很好的人偶尔忘记一件事，我们不能说他有健忘的毛病；而经常丢三落四、粗枝大叶地出差错，我们才说这个人是一个粗心的人。

人的个性心理倾向性主要包括需要、动机和兴趣，是人进行活动的基本动力，也是个性结构中最活跃的因素，它表现在对认识和活动对象的趋向和选择上。

相关链接

2009年8月8日，“莫拉克”强台风不仅袭击了我国大陆沿海四省市，造成1103万人受灾，直接经济损失97亿元人民币，而且对我国台湾地区的影响极为强大，横扫高雄县、台南县、屏东县、嘉义县和彰化县，造成多处省道县道中断，通讯设备瘫痪，死亡、失踪人数达到500多人，直接经济损失达770亿新台币。据台湾媒体报道，这次的“莫拉克”台风所引起的灾难，已经超过50年前的“八七”水灾。

第一节　旅游者的需要

一、需要的概述

（一）需要的概念

需要是在一定条件下，有机体对客观事物需求的反应。它是人类活动的基本动力。例如，人为了个体生存，会有衣、食、住、行、性等的需求；为了生存得更好，会有安全、教育、劳动、交往的需求，这些需求就形成了人的需要，所以说需要是一种主观状态。

（二）需要的分类

人的需要是多种多样的，有生理需要和社会需要，有物质需要和精神需要等，按着美国人本主义心理学家马斯洛的需要层次论将需要分为五种。

知识阅读：

马斯洛（Abraham Harold Maslow，1908—1970）是一位美国心理学家，早期曾经从事动物社会心理学的研究，1940年在美国社会心理学杂志上发表《灵长类优势品质和社会行为》一文。之后转入人类的社会心理学研究。1943年出版了《人类动机的理论》，1954年出版《动机与人格》，1962年出版了《存在心理学导言》一书。马斯洛的观点属于人本主义心理学，其哲学基础是存在主义。

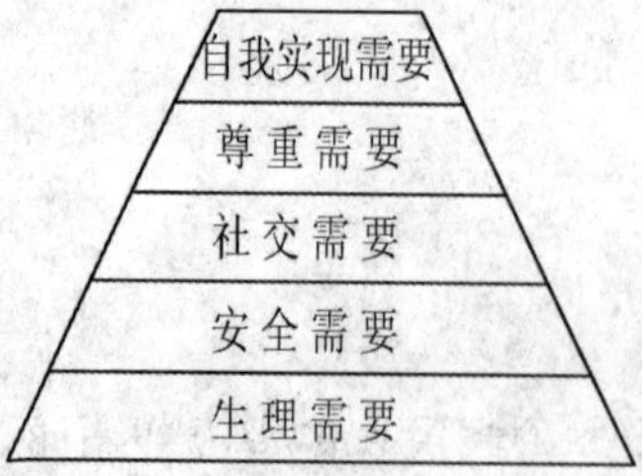

图4－1－1　马斯洛的需要层次

图4－1－2　美国心理学家马斯洛

1. 生理需要

是人维持生命、延续生存最基本的需要。对吃、喝、拉、撒、住、行、空气、阳光、休息等的需要，如果这层需要都不能得到满足，其他需要只是空谈。

2. 安全需要

是在生理需要得到满足后比较低层次的需要。不论是自身还是财物不受威胁等。

3. 社交需要

这是人的中等层次的需要。人在低层次需要得到满足后，会向往稍高层次的需要。人与人之间要交往，需要被集体接纳，也包括爱与被爱的需要。如果没有满足这个层次的需要，人可能会孤独、压抑、郁闷等。

4. 自尊需要

也就是尊重的需要，希望自己有一定的地位，受到别人和社会的认可等。这种需要的满足，对于人的成长、成功有推动作用。

5. 自我实现的需要

是人类需要的最高层次，也是促使自己的潜能得以发挥的需要。每个人在社会的舞台上都扮演一个角色，只有找准了适合自己的角色，来实现自身的价值，才能感到最大的快乐和愉悦，从而才可能取得卓越的成就。

马斯洛的需要层次论尽管是从低一级向高一级层次发展，但不是高一级代替低一级，它们是并存的。高一级层次的需要产生了，低一级层次的需要也不会消失，只是侧重点的不同而已。例如，一个衣食无忧的白领，生理和安全的需要已不再突出，而自尊与自我实现的需要才是他们努力的方向。

二、旅游者的普遍需要

旅游者的需要是人的诸多需要在旅游过程中的体现，根据马斯洛的需要层次论归纳为：物质性需要、精神性需要和社会性需要。

（一）物质性需要

也就是人的最基本的需要，包括生理和安全的需要。如衣、食、住、行、自身、财物安全等。

例如，衣，外出旅游所穿的服装与在家平时的衣服是有区别的，主要考虑到适合户外运动和具有多功能性。吃的方面，异地他乡的特色饮食对旅游者是一个吸引，尽管口味可能一时接受不了，但那种新鲜感对旅游者来说也是一种诱惑，例如，到广州的旅游者要品尝腊烧、叉烧；到陕西的旅游者要尝尝羊肉泡馍；去草原旅游的人会对手把羊肉感兴趣；到了有“天府之国”之称的四川，一定会被麻辣火锅的真实味道所吸引。行，指的是旅途中的交通工具。不论是天上飞的、地上跑的、水里行的，旅游者最关心的就是交通工具的运行状况，最怕的就是旅途之中交通工具的抛锚和恶劣天气对交通工具的阻碍。安全，是旅游者最关心的问题。包括的也比较广：自身财产的安全，交通工具的安全，旅游设施设备的安全，吃住卫生的安全等。

（二）精神性需要

包括接触新鲜事物，从中了解更深层次的知识；对异地风土人情、景观文化的了解；对祖国美好河山的赞美等。

【案例】：近年来，美国新开了一个特别的旅游项目，名叫“丑闻旅游”。此项新业务一经推出，竟火得不得了。

参观丑闻的旅游者，只要交纳20美元，便有导游接待，带你去参观。旅游的内容，既包括政治丑闻又穿插桃色新闻。无论是哪一种内容，都是曾经轰动世界的，要不是毁了当事人的前程，便是夺去了当事人的生命，都是人们最感兴趣和举世瞩目的。

“丑闻旅游”中的“景点”，有世人皆知的丑闻当中的一些精彩场面。例如，“尼克松与水门事件”的旅游点，就是参观水门住宅区。1972年，在此处发生的窃听民主党总部事件，导致了当时任总统的尼克松下台。又如“哈特别墅”景点，是参观一座曾经在此处发生过一起轰动一时的桃色事件的别墅。1988年，被不少人看好的民主党总统候选人哈特，在与共和党总统候选人激战犹酣时，曾在这座别墅里与迈阿密模特儿莉斯幽会。不料这一切均被新闻记者察觉，经大肆渲染后，使哈特不得不放弃竞选，由此断送了政治前途。

这个案例就满足了旅游者的精神需要，特别是具有喜剧演员才能的导游人员的讲解，将政治讽刺和小道消息融为一体，把权力、肉欲、嫉妒、报复集于一身，渲染得淋漓尽致。从中旅游者既参观了景点又对以往的政治事件做一次深层次的了解。

以丑取胜

（三）社会性需要

主要是人际交往和尊重的需要。旅游活动不是单纯的游览景点，很多旅游者聚在一起也可以说是一种缘分，很多旅游者通过旅游的形式结交了很多新朋友，扩大了自己的人际关系网。尤其有相同爱好、信仰和经历的人更是觅到了知己，有的还成为了伉俪。

【引例】：一个在北京工作的女导游小杨，偶然结识一位台湾老板，并相爱。金融风暴爆发以后，台湾老板无情地将她抛弃，她痛苦万分，想以死解脱。这时女导游在长城遇到了神情忧郁的新疆小伙儿小马。原来，小马因相爱女友的突然去世，感情无法自拔，也是准备在北京自杀的。他们约定，游览完大陆和台湾的12个景点，就一起结束生命。然而他们一起游览完第5个景点进入台湾后，一场强台风突然而至，将他们卷入更可怕的灾难。在绝境中，他们互相支撑着，开始了生死互救，在经历了4天4夜与死神的较量之后，他们终于获救……经历了这场生死劫难，这对原本一心寻死的"苦情人"，终于醒悟：活着真好！他们发誓：互爱对方一生一世。

（此文来自《今天生活》杂志2009年第21期 节选 方直）

这个案例表明了人与人之间交往、沟通的作用。如果没有小杨和小马的交往、沟通，可能这两个本应充满活力的年轻的生命已不复存在。正是他们之间的相互的倾诉，又到信任，依赖，才"终于浴火重生，完成了生命与爱的涅槃！"

每个人都希望受到别人的尊重，旅游者同样也是需要旅游服务人员的尊重与欢迎，尊重他们的多方面的需求，得到礼遇。

三、不同类型旅游者的需要分析

（一）外国旅游者

据国家旅游部门统计2010年我国累计入境旅游人数达到13376.22万人次，比2009年增长5.76%。其中，外国旅游者2612.69万人次，同比增长19.10%；香港同胞7932.19万人次，同比增长2.57%；澳门同胞2317.29万人次，同比增长2.00%；台湾同胞514.06万人次，同比增长14.64%。由此可见，2010年我国旅游需求已经走出了2009年的阴霾，呈现全面复苏的良好发展态势。我们相信，随着我国旅游资源的不断开发，中国将吸引更多的外籍旅游者。

1. 散客

（1）富贵族

旅游者的经济状况很好，有一定的社会地位，他们对服务的要求相对要高些。那么旅游服务人员就要满足他们受尊重的心理。对他们服务时从称呼到规格都要高标准。

（2）背包客

多数是年轻人，学生占的比例大些。这些人喜欢活跃的氛围，主要以体验为目的。对生活的要求不高。旅游服务人员要满足他们的心理需求。

2. 团队旅游

有的是观光团，有的是专业团，有的是青年学生团。分别以了解我国的自然景观、风土人情，专业考察交流，学习中国文化等为目的。作为旅游服务人员要分清入境旅游者的目的，才能有的放矢地做好服务。当然事情不是绝对的，有的旅游者可能入境旅游会有多个目的：探亲、会友、了解中国文化、观赏美好山河等，要具体情况具体对待。

(二) 港澳台同胞和海外华侨外籍华人

2010 年共接待香港同胞 7932.19 万人次，比上年增长 2.157%；澳门同胞 2317.29 万人次，比上年增长 2.0%；台湾同胞 514.06 万人次，比上年增长 14.6%。

1. 坚定明确的归属感和自豪感

港澳台同胞与海外华侨、外籍华人，无论其客居境外年代长短，年龄、地位、职业等方面有什么差异，大多数人都坚定明确地把自己归属为中华民族炎黄子孙的一员，希望得到大陆同胞的认同，不愿意大陆人把他们看成“假洋鬼子”，特别想受到“家里人”的待遇。这种想法的产生一方面是思乡心切，另一方面也是祖国的日益昌盛、繁荣在吸引着他们。

2. 民族自尊心强

特别是华侨和外籍华人，由于某种特殊原因和条件使他们远渡重洋，到异国他乡去创业、谋生，看到祖国的日新月异的变化，一种民族自尊心油然而生，急切想亲眼目睹祖国的变化。旅游服务人员要了解他们的心理需求，为他们提供热情、周到的服务。

(三) 国内旅游者

2010 年，我国国内旅游市场实现快速增长，并且增速城镇高于农村。出游人数和旅游收入均维持两位数的增长。

全国国内旅游人数达 21.03 亿人次，比上年增长 10.6%。其中：城镇居民 10.65 亿人次，农村居民 10.38 亿人次。

全国国内旅游收入 12579.77 亿元人民币，比上年增长 23.5%。其中：城镇居民旅游消费 9403.81 亿元，农村居民旅游消费 3175.96 亿元。

全国国内旅游出游人均花费 598.20 元，比上年增长 11.7%。其中：城镇居民国内旅游出游人均花费 883.00 元，农村居民国内旅游出游人均花费 306.00 元。

在春节、“十一”两个“黄金周”中，全国共接待国内游客 3.79 亿人次，实现旅游收入 1812 亿元。

国内旅游者的旅游时间比较集中，除了春节和“十一”的两个黄金周之外，就是以青年学生为群体的寒暑假期。因此这就给交通运输带来了一定的压力，交通工具的畅通与否也是旅游者最关心的问题之一。作为旅行社和旅游服务人员要提前做好出行计划或方案，让旅游者消除各种顾虑。

总之，旅游者的需要具有普遍性的同时也会存在特殊性，不同的个体在同等的条件下、相同的个体在不同的条件下都可能产生相同或不同的需要，作为旅游服务人员应该掌握服务技能，竭力满足旅游者的需要。

第二节 旅游者的动机

一、动机的概述

（一）动机的概念

动机是由需要引起的，激励或推动人去行动，以达到一定目的的内在动力。人从事各种活动都是由一定动机引起的。例如，吃饭是为了消除人的饥饿感，喝水是为了消除饥渴感，学习是为了满足人的求知欲；锻炼是为了身体的健康等。

（二）动机的分类

由需要引发的动机是复杂的。按不同需要分，有天然性动机、精神性动机和社会性动机。按不同社会意义分，有高尚的动机和低级的动机。

二、旅游动机产生的条件

（一）客观条件

1. 有一定的闲暇时间

随着科技水平的不断提高，人们的工作时间逐渐在缩短，休息的时间在增多。“双休日”和带薪休假政策的出台，又给人以充裕的闲暇时间，就为外出旅游者在时间上提供了支持。

2. 有一定的经济积蓄

社会的进步、经济的发展，使人们的生活水平逐步在提高。在满足了温饱的物质需要后，人们开始产生精神需要的动机。

3. 交通状况的改善、旅游服务设施的健全

快捷便利的交通工具增强了旅游者外出旅游的动机。例如，火车的几次提速，飞机的折扣让利，汽车的方便舒适等。另外旅游服务设施的人性化设计，景区景点与人文历史的贯通等。

（二）主观条件

1. 欲望驱使

欲望是行动的驱使。由于受媒体的宣传、介绍的影响，使自身产生旅游欲望。

2. 个性决定

相对而言性格外向的人喜欢到大自然中陶冶情趣，性格内向的人则喜欢安静的环境，很少选择外出旅游。

3. 身体素质

身体因素是影响旅游者外出旅游的很重要的因素。因为旅游是一项有组织、活动量较大

的生理和心理的体验活动，适合一个比较健康的人参与，年老体弱不宜参与。

相关链接

克里斯托弗·哥伦布(约1451—1505)，是意大利的著名航海家，是地理大发现的先驱者。出生在意大利港口城市热那亚，卒于西班牙巴利亚多利德。一生从事航海活动，先后移居葡萄牙和西班牙。哥伦布年轻时就是地圆说的信奉者，他十分推崇曾在热那亚坐过监狱的马可·波罗，立志要做一个航海家。

他在1492年到1502年间四次横渡大西洋，发现了美洲大陆，他也因此成为了名垂青史的航海家。

哥伦布是个意大利人，自幼热爱航海冒险。他读过《马可·波罗游记》，十分向往印度和中国。当时，地圆说已经很盛行，哥伦布也深信不疑。他先后向葡萄牙、西班牙、英国、法国等国国王请求资助，以实现他向西航行到达东方国家的计划，都遭拒绝。一方面，地圆说的理论尚不十分完备，许多人不相信，把哥伦布看成江湖骗子。一次，在西班牙关于哥伦布计划的专门的审查委员会上，一位委员问哥伦布：即使地球是圆的，向西航行可以到达东方，回到出发港，那么有一段航行必然是从地球下面向上爬坡，帆船怎么能爬上来呢？对此问题，滔滔不绝、口若悬河的哥伦布也只有语塞。另一方面，当时，西方国家对东方物质财富需求除传统的丝绸、瓷器、茶叶外，最重要的是香料和黄金。其中香料是欧洲人起居生活和饮食烹调必不可少的材料，需求量很大，而本地又不生产。当时，这些商品主要经传统的海、陆联运商路运输。经营这些商品的既得利益集团也极力反对哥伦布开辟新航路的计划。哥伦布为实现自己的计划，到处游说了十几年。直到1492年，西班牙王后慧眼识英雄，她说服了国王，甚至要拿出自己的私房钱资助哥伦布，使哥伦布的计划才得以实施。

1492年8月3日，哥伦布受西班牙国王派遣，带着给印度君主和中国皇帝的国书，率领三艘百十来吨的帆船，从西班牙巴罗斯港扬帆出大西洋，直向正西航去。经七十昼夜的艰苦航行，1492年10月12日凌晨终于发现了陆地。哥伦布以为到达了印度。后来知道，哥伦布登上的这块土地，属于现在中美洲加勒比海中的巴哈马群岛，他当时为它命名为圣萨尔瓦多。

1493年3月15日，哥伦布回到西班牙。此后他又三次重复他的向西航行，又登上了美洲的许多海岸。直到1506年逝世，他一直认为他到达的是印度。后来，一个叫做亚美利加的意大利学者，经过更多的考察，才知道哥伦布到达的这些地方不是印度，而是一个原来不为人知的新的大陆。哥伦布发现了新大陆。但是，这块大陆却用证实它是新大陆的人的名字命了名：亚美利加洲。后来，对于谁最早发现美洲不断出现各种微词。哥伦布发现新大陆的结论是不容置疑的。这是因为当时，欧洲乃至亚洲、非洲整个旧大陆的人们确实不知大西洋彼岸有此大陆。至于谁最先到达美洲，则是另外的问题，因为美洲土著居民本身就是远古时期从亚洲迁徙过去的。中国、大洋洲的先民航海到达美洲也是极有可能的，但这些都不能改变哥伦布发现新大陆的事实。

哥伦布的远航是大航海时代的开端。新航路的开辟，改变了世界历史的进程，它使海外贸易的路线由地中海转移到大西洋沿岸。从那以后，西方终于走出中世纪的黑暗，开始以不可阻挡之势崛起于世界，并在之后的几个世纪中，成就海上霸业。一种全新的工业文明成为世界经济发展的主流。

图4-2-1　哥伦布

图4-2-2　哥伦布登上新大陆

三、旅游者的旅游动机分析

（一）观光动机

是普遍存在的旅游动机。间接地了解一个景区景点的状况后，要满足身临其境的感受。如，在具备旅游条件时，看到、听到媒体的宣传或亲友的介绍，便产生旅游动机。

（二）健康动机

从某种意义上说，旅游本身就是一项运动，运动的目的是增强体魄。远离喧嚣的城市，走进大自然中，陶醉于高山、森林、海滩、草原等美景之中，呼吸新鲜、有氧、净化的空气，对精神和身体都是一次洗礼。

（三）探险动机

这个动机对旅游产品要求的比较高：集知识、新奇、探险，观光于一体。例如，意大利航海家哥伦布的探险旅游、现今的野外生存训练等，就是典型的案例。

（四）社交动机

这种动机以发展人际关系为主要目的。有的人是生意场上的合作伙伴，应对方的邀请前去旅游，既沟通了感情又达到了旅游的目的，一举两得。

（五）信仰动机

以宗教信仰为目的旅游古今中外都有，目的是为了满足精神上的需求，寻求精神上的寄托。例如，古有鉴真东渡、玄奘西游，今有虔诚信徒的朝圣游等。

位于辽宁省北镇市青岩寺内的“歪脖老母”，每天朝拜的信徒络绎不绝。

（六）商务动机

是旅游者为了从事商务活动、学术交流、参加会议或进行科研考察为目的旅游。例如，举世瞩目的广州商品交易会，科研部门、高等院校之间的学术研究，城市开发的考察等都属于商务动机的旅游。

四、旅游动机的激发

(一) 做好宣传工作、多渠道提供旅游信息

宣传对激发旅游者的动机起着决定性的作用。有很多山美、水美，胜似人间仙境的景区因为宣传的力度不够，才不被人们认可，的确是一种遗憾。

(二) 增强旅游资源的吸引力，开发特色产品

"香港迪士尼乐园"之所以经久不衰、旅游者云集，就是它的旅游资源的特色所在。例如，"幻想世界、明日世界、探险世界、美国小镇大街、餐饮与购物"等组成了迪士尼乐园的独有特色，满足了旅游者物质与精神方面的需要。

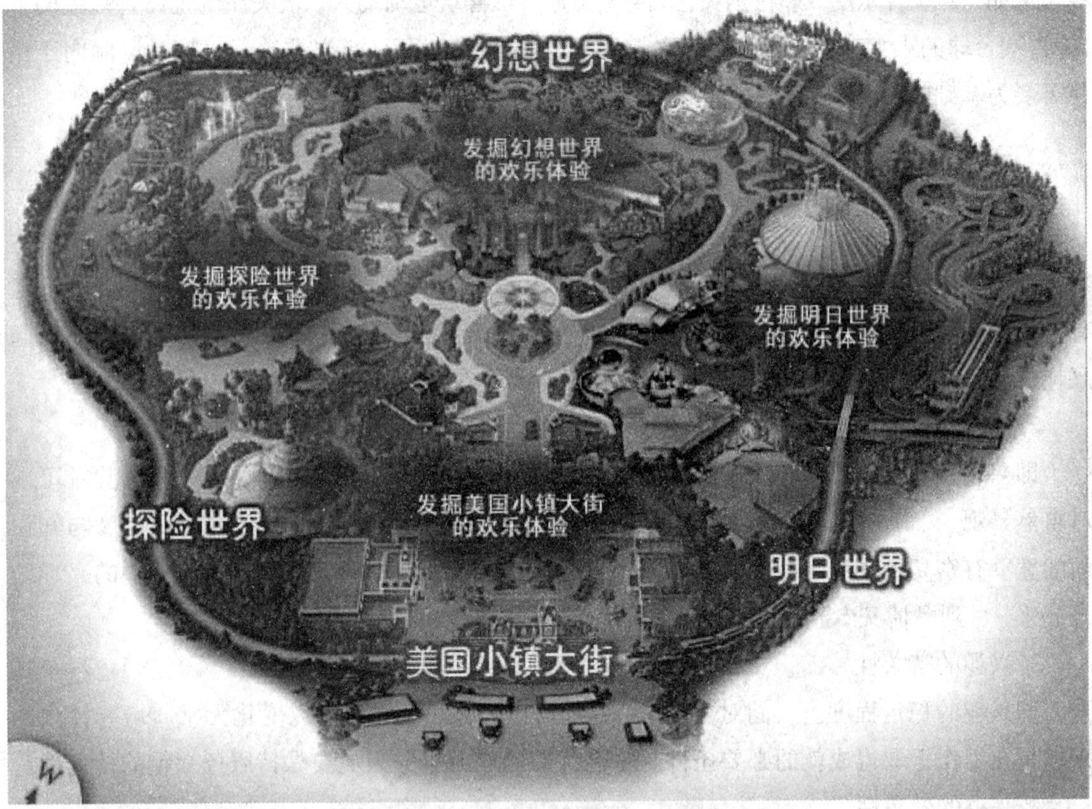

图4-2-3　香港迪士尼乐园地图

(三)旅游设施配套要完善，保证接待能力

一个旅游景区景点的开发与建设一定要综合考虑旅游者的需求，设施设计要集游览、娱乐、知识、休闲、餐饮、购物等于一体，具有相当规模的接待能力。

(四) 提高旅游服务质量

为旅游者提供优质的、尽善尽美的服务是激发旅游动机的前提。人们外出旅游是为了满足物质与精神上的双重需要。旅游者对旅游服务的要求是单纯的精神需要。旅游服务要让旅游者有"宾至如归"的感觉，同时旅游服务人员还要有娴熟的技能、超常的语言表达能力。

第三节 旅游者的兴趣

一、兴趣概述

（一）兴趣的概念

兴趣是人们力求认识某种事物和爱好某种活动的心理倾向。在日常生活中，当一个人经常主动地去感知、思考某一事物，并认真观察、研究这一事物时，就说明这个人有这方面的兴趣。例如，喜欢音乐的人，特别关注音乐会的演出；喜欢运动的人，很关注电视体育频道的节目；喜欢台球的人，对丁俊晖尤其感兴趣；喜欢美术的人对画展感兴趣等。兴趣是以倾向于精神需要为基础的。

（二）兴趣的特点

1. 兴趣的倾向性

即对什么发生兴趣。这对每个人是不同的，表现出个别差异。不同旅游者兴趣指向的内容也不同，有的对自然景观感兴趣，有的对文物古迹感兴趣，有的对寺院庙堂感兴趣，凡对有益于人类社会的事物引起兴趣的，其倾向性就是高尚的；凡对有害于人类社会的事物引起兴趣的，其倾向性就是低级的。我们应通过教育，培养人们高尚的兴趣倾向。

2. 兴趣的广阔性

即兴趣的范围。人兴趣广阔，对许多事物兴致勃勃，乐于探求，例如，有的旅游者可以对自然景观、文物古迹、寺院庙堂同时感兴趣，有人则兴趣单调狭窄。兴趣的广阔程度与知识面的宽窄有密切的联系。我们应该培养广阔的兴趣，同时又要把广阔的兴趣与中心的兴趣结合起来，做到既博又专。

3. 兴趣的持久性

即兴趣的稳定程度。人们对事物的兴趣，可以经久不变，也可以变化无常。培养持久的兴趣是在工作上取得成就的必要条件。一名优秀的旅游服务人员要保持服务兴趣的持久性。

4. 兴趣的效果性

即兴趣的力量。若兴趣能够成为推动工作和活动的动力，其效果就是积极的，若兴趣仅仅是一种向往，而不能产生实际效果，它就是消极的。例如，现在大家都在提倡全民健身，当我们真能投入到健身的行列中，那么对身体的健康会有很大的好处。如果只是嘴上说说而已，根本没有行动表现，那只能是空谈。

（三）兴趣的意义

兴趣在人的实践活动中具有重要的意义。

1. 兴趣可以使人集中注意，产生愉快紧张的心理状态

人对感兴趣的事物总是力图去认识它、研究它，从而获得有关方面的技能，这对人的认

识和活动会产生积极的影响，有利于提高工作的质量和效果。例如，一生两度获诺贝尔奖的世界著名科学家居里夫人，正因为她对化学元素感兴趣，才发现镭和钋两种天然放射性元素，被人称为“镭的母亲”。

2. 兴趣具有社会制约性

人所处的历史条件不同，社会环境不同，其兴趣就会有不同的特点。

旅游服务人员应当培养健康的广泛的兴趣，研究服务接待艺术，以达到旅游者对服务的要求。

（四）兴趣与需要和情感的关系

1. 需要产生兴趣

如人在饥饿时对食物会产生兴趣，寒冷时会对衣物感兴趣等。衣食无忧时，又对安全、社交感兴趣，这些得到了满足，人们又开始对自我实现的需要感兴趣。

2. 兴趣产生情感

人对某种事物的兴趣一旦形成，当他去认识某种事物或从事某种有关活动时，总是伴随着积极的、肯定的情感，如满意、喜欢等。

【引例】：有这样一个实验，科研人员把一个电极安装在小老鼠的大脑中，电极的连接点可刺激鼠脑产生“愉快”的情绪。电极由一个小老鼠够得着的踏板所启动。偶然之中，小老鼠踩到了踏板，体会到一次“愉快”情绪。只要有一次这样的刺激，小老鼠就变得一发而不可收。它不停地去踩踏板，一天要踩几千次。

寻找愉快情感是一种强劲的动力，鼠如此，人更是如此。比如前一章的“悲情菜单”的案例，尽管客人听不懂悲剧影星罗西念的是什么，但是客人对罗西的动情的声调和表情感兴趣，才真的动了情——“不由使大家流下同情的泪水”。

二、旅游者兴趣产生的条件

（一）社会生活条件方面的差异

不同的生活环境、不同的受教育程度、不同的家庭背景、不同的生活方式等会产生有差异的兴趣。例如，体育世家会对体育运动有浓厚的兴趣，他们对体育设施、体育场馆情有独钟；生活在书香门第的人会对历史、文化、古迹感兴趣；商贾之人则对市场经济尤为关注等。

（二）实践活动方面的差异

脑力劳动者和体力劳动者参加社会实践的方式不同，表现的兴趣也会有差异。从事脑力劳动的人对具有逻辑思维的活动比较热衷，从事体力劳动的人对具有一定运动量的活动感兴趣等。

（三）知识与技能方面的差异

因为个人的知识和技能与自己从事的职业有关，所以旅游者的兴趣也会不同。俗话说：隔行如隔山。例如，工厂生产车间的工人师傅与坐在画室里的艺术家，他们的兴趣差异就很大，尽管都是动手的工作，由于各自所掌握的技能不一样，很难有相同或相近的兴趣。

思考练习题：

一、填空

1. 美国心理学家把人的需要分成(　　　　)、(　　　　)、(　　　　)、(　　　　)和自我实现的需要五种。

2. 旅游者旅游的动机包括(　　　　)、(　　　　)、(　　　　)、(　　　　)、(　　　　)和商务动机。

3. 旅游动机产生的主观条件有(　　　　)、(　　　　)和(　　　　)三方面。

4. 旅游者的社会性需要主要是(　　　　)、(　　　　)的需要。

5. 兴趣具有(　　　　)、(　　　　)、(　　　　)和(　　　　)四个特点。

6. 哥伦布是意大利著名的(　　　　)，他发现的新大陆现在命名为(　　　　)。

二、名词解释

1. 需要　2. 动机　3. 兴趣　4. 信仰动机

三、选择题

1. 旅游动机产生的主要条件是(　　　　)。

A. 旅游需要　　B. 经济收入

C. 闲暇时间　　D. 家庭状况

2. 旅游活动的主体是(　　　　)。

A. 旅游业　　B. 旅游者

C. 旅游资源　　D. 旅游设施

3. 爱的需要，属于马斯洛的需要层次理论的层次是(　　　　)。

A. 低级层次　　B. 中间层次需要

C. 高层次需要　　D. 以上都不是

4. 旅游者兴趣产生的条件是(　　　　)。

A. 社会生活方面差异　　B. 经济收入

C. 公共假日　　D. 旅游资源

5. 兴趣可以使人集中注意，产生愉快紧张的(　　　　)。

A. 感觉　　B. 知觉

C. 记忆　　D. 心理状态

四、问答题

1. 旅游者的普遍需要有哪些？

2. 如何激发旅游动机？

3. 兴趣在人的实践活动中有哪些意义？

4. 简述兴趣与需要和情感的关系。

5. 旅游者兴趣产生的条件是什么？

五、案例分析题

某日，张先生和他的两位同事到杭州旅游。中午，他们来到一家酒店用餐。入座后，张先生下意识地摸了一下钱包。“不好，我的钱包丢了！”他对同事说。出来玩时他们三个人的大部分钱都放在张先生的钱包里，由其统一开支。此时听说钱包丢了，大家都很着急。由于每个人身上只有少量的余钱，除了回家的路费所剩无几。于是，他们决定不在这家酒店用餐，到街上随便吃点。正欲起身离店时，服务员面带笑容地走了过来。服务员一过来便给他们倒上茶，递了菜单。张先生接过菜单，一脸愁容。

他看了看菜单说：“我随便，你们点吧！”说着将菜单传给了他的同事。同事看了后，心领神会地说：“这没我喜欢的菜，还是你来点吧。”说着将菜单递给另外一位同事。另外一位同事看了看菜单，自言自语地说：“这里的菜太辣了！”他翻来翻去，也没点一个菜。接着，他将菜单又传给张先生，让他点菜。张先生接过菜单左右为难，只好朝他的同事望了望。一看他们也一脸愁容，心想跟服务员说实话算了，不要没钱还充款爷。但话到嘴边就噎住了，觉得说不出口。见此情形，服务员似乎意识到了什么。于是，面带笑容地对客人说：“各位先生，要是觉得我们酒店口味不适合你们，我们酒店对面还有几家，要不几位到那里看看。”听了这话，张先生如释重负，立即说：“也行！”说着，他们便起身离去。

研讨问题：

1. 服务员的做法对吗？

2. 服务员的做法满足了客人的什么心理需要？

第五章　旅游者的个性心理特征

学习目标

★ 熟悉气质的含义及类型

★ 理解如何接待不同气质类型的旅游者

★ 了解性格含义及特征

★ 根据旅游者性格特点做好服务

★ 熟悉能力的含义及分类

★ 理解能力与知识技能的关系

★ 懂得旅游服务人员如何培养自己得心应手的能力

个性心理特征是指一个人身上经常表现出来的、稳定的心理特点。它是个性结构中比较稳定的成分，主要包括:气质、性格和能力。

第一节　旅游者的气质

一、气质的概念

（一）气质

气质是高级神经活动类型在人的行为和活动中的表现。主要表现于人的心理活动动力方面（心理过程的强度、速度、灵活度、指向性）的特征。它也是人的相对稳定的个性特点和风格气度。

（二）气质的类型

气质的类型最早是古希腊医生希波克拉底和罗马医生盖伦提出来的，即“四种气质说”。他们认为人身上的四种液体——黏液、黄胆汁、黑胆汁、血液的配合比例不同，就形成了四种不同的气质类型，即多血质、胆汁质、黏液质、抑郁质 。

知识阅读：

希波克拉底（英文 Hippocrates of Cos II 或者 Hippokrates of Kos，约前460—前377）被西方尊为“医学之父”的古希腊著名医生，西方医学奠基人。提出“体液（humours）学说”，他的医学观点对以后西方医学的发展有巨大影响。卒于公元前377年，享年八十三岁。

希波克拉底提出“体液（humours）学说”，认为人体由血液（blood）、黏液（phlegm）、黄胆汁

(yellow bile)和黑胆汁(black bile)四种体液组成，这四种体液的不同配合使人们有不同的气质。他把疾病看作是发展着的现象，认为医师所应医治的不仅是病而是病人；从而改变了当时医学中以巫术和宗教为根据的观念。主张在治疗上注意病人的个性特征、环境因素和生活方式对患病的影响。重视卫生饮食疗法，但也不忽视药物治疗，尤其注意对症治疗和预后。他对骨骼、关节、肌肉等都很有研究。

希波克拉底出生于小亚细亚科斯岛的一个医生世家，父亲赫拉克莱提斯是(Herakleides)医神阿斯克雷庇亚斯(Aesclapius)的后代，母亲费娜雷蒂(Phainarete)是显贵家族的女儿。在古希腊，医生的职业是父子相传的，所以希波克拉底从小就跟随父亲学医。数年后，独立行医已不成问题，父亲治病的260多种药方，他已经能运用自如。父母去世后，他一面游历，一面行医，为了丰富医学知识，获取众家之长，希波克拉底拜许多当地的名医为师。在接触的许多病人中，他结识了许多著名的哲学家，这些哲学家的独到见解对希波克拉底深有启发，为他提出四体液论提供哲学帮助。

当时，古希腊医学受到宗教迷信的禁锢。巫师们只会用念咒文，施魔法，进行祈祷的办法为人治病。这自然是不会有什么疗效的，病人不仅被骗去大量钱财，而且往往因耽误病情而死去。

公元前430年，雅典发生了可怕的瘟疫，许多人突然发烧、呕吐、腹泻、抽筋，身上长满脓疮、皮肤严重溃烂。患病的人接二连三地死去。没过几日，雅典城中便随处可见来不及掩埋的尸首。对这种索命的疾病，人们避之唯恐不及。但此时希波克拉底却冒着生命危险前往雅典救治。他一面调查疫情，一面探寻病因及解救方法。不久，他发现全城只有一种人没有染上瘟疫，那就是每天和火打交道的铁匠。他由此设想，或许火可以防疫，于是在全城各处燃起火堆来扑灭瘟疫。希波克拉底指出的癫痫病的病因被现代医学认为是正确的，他提出的这个病名，也一直沿用至今。希波克拉底对骨折病人提出的治疗方法，是合乎科学道理的。为纪念他，后人将用于牵引和其他矫形操作的臼床称为“希波克拉底臼床”。

希波克拉底

为了抵制“神赐疾病”的谬说，希波克拉底积极探索人的肌体特征和疾病的成因，提出了著名的“体液学说”。四体液理论不仅是一种病理学说，而且是最早的气质与体质理论。他认为复杂的人体是由血液、黏液、黄胆汁、黑胆汁这四种体液组成的，四种体液在人体内的比例不同，形成了人的不同气质：性情急躁、动作迅猛的胆汁质；性情活跃、动作灵敏的多血质；性情沉静、动作迟缓的黏液质；性情脆弱、动作迟钝的抑郁质。每一个人，生理特点以哪一种液体为主，就对应哪一种气质。先天性格表现，会随着后天的客观环境变化而发生调整，性格也会随之发生变化，为后世的医学心理疗法提供了一定指导基础。人所以会得病，就是由于四种液体不平衡造成的。而液体失调又是外界因素影响的结果。所以他认为一个医生进入某个城市首先要注意这个城市的方向、土壤、气候、风向、水源、水、饮食习惯、生活方式等等这些与人的健康和疾病有密切关系的自然环境。

现在看来，希波克拉底对人的气质的成因的解释并不正确，但他提出的气质类型的名称及划分，却一直沿用至今。那时，尸体解剖为宗教与习俗所禁止，希波克拉底勇敢地冲破禁令，秘密进行了人体解剖，获得了许多关于人体结构的知识。在他最著名的外科著作《头颅创伤》中，详细描绘了头颅损伤和裂缝等病例，提出了施行手术的方法。其中关于手术的记载非常精细，所用语言也非常确切，足以证明这是他亲身实践的经验总结。

在他的题为《箴言》的论文集中，辑录了许多关于医学和人生方面的至理名言，如“人生短促，技艺长存”；“机遇诚难得，试验有风险，决断更可贵”；“暴食伤身”；“无故困倦是疾病的前兆”；“简陋不可口的饮食比精美可口的饮食更有益”；“寄希望于自然”等，这些经验之谈脍炙人口，至今仍给人以启示。

古代西方医生在开业时都要宣读一份有关医务道德的誓词(Hippocratic Oath)：“我要遵守誓约，矢志不渝。对传授我医术的老师，我要像父母一样敬重。对我的儿子、老师的儿子以及我的门徒，我要悉心传授医学知识。我要竭尽全力，采取我认为有利于病人的医疗措施，不能给病人带来痛苦与危害。我不把毒药给任何人，也决不授意别人使用它。我要清清白白地行医和生活。无论进入谁家，只是为了治病，不为所欲为，不接受贿赂，不勾引异性。对看到或听到不应外传的私生活，我决不泄露。”这个医道规范的制定者就是希波克拉底。20世纪中叶，世界医协大会又据此制定了国际医务人员道德规范。

1. 多血质

活泼好动、敏感，情感容易产生但不持久，行动敏捷，表情丰富，感染力强，容易轻举妄动，缺乏忍耐力。例如，《还珠格格》中的小燕子是典型的多血质类型。

2. 胆汁质

直爽热情，易于受感动，心境变化剧烈，易冲动。多具外倾性格，容易刚愎自用。例如，西楚霸王项羽和《水浒传》中的李逵是典型的胆汁质气质。

3. 黏液质

比较安静稳重，感情不易发生和外露，沉默寡言，反应较慢但善于忍耐，考虑问题周全而细致，具有明显的内倾性格。例如，《三国演义》中的刘备就是典型的黏液质气质。

4. 抑郁质

多愁善感，情感体验微弱而持久，比较孤僻，行动迟缓，善于观察细节，具有内倾性格。《红楼梦》中的林黛玉是典型的抑郁质气质。

以上尽管介绍了四种气质类型，但对每个人来说并不是只具备单一的气质类型，大多数人属于中间型或者以某种气质为主，兼而有其他的气质类型。

不同气质类型的旅游者在旅游活动中的表现是有差异的。对于旅游服务人员来说，每天要与各种各样的旅游者打交道，只有熟悉各种气质类型，才是做好旅游服务的前提。

二、如何接待不同气质类型的旅游者

（一）活泼型旅游者的接待

活泼型旅游者属于多血质的气质类型，为了满足他们活泼好动、反应快、理解能力强、聪明伶俐等特点，旅游服务人员要善于利用他们的特点，充分调动他们喜欢参与各类活动的积极性，多与他们交谈，多向他们介绍适合他们气质类型的健康活动，以满足他们的心理需求。

（二）兴奋型旅游者的接待

兴奋型旅游者有时表现出急躁的情绪，属于胆汁质的气质类型。他们的特点是直率、感情特别容易外露、压不住火、好胜心极强。服务人员在接待他们时，要考虑尽量满足他们的虚荣心，避免直接发生冲突，且不要言辞过激，即使他们有冲动的语言，也应回避。

（三）安静型旅游者

安静型也可称为稳重型旅游者，属于黏液质气质类型，他们的表现是情绪平稳，考虑问题周全细致，喜欢清净的环境，不善与人主动交谈，自制力比较强。在对他们提供服务时要尊重他们的意愿，例如，房间的安排要选择僻静的环境，向他们推荐旅游产品或商品时要委婉、含蓄，给他们充分考虑的时间，任何事不要操之过急。

（四）忧郁型旅游者

忧郁型旅游者属于抑郁质气质类型。不善与人交往，有时甚至不愿意与别人说一句话，行动迟缓，有一定的自制力，感情比较专一，有时多疑、孤僻、拘谨、自卑。服务人员在接待中要特别关心、照顾他们，与他们交流时要和声细语，面带微笑，有足够的耐心，切忌与他们侃侃而谈或开玩笑，多注意他们细微的情绪变化。

第二节　旅游者的性格

一、性格概述

（一）性格的概念

性格是一个人对客观事物的稳固态度和习惯化了的行为方式。性格是人在社会实践过程中形成的。马克思说过："人的性格不仅表现在他做什么，而且表现在他怎样做。"构成一个人性格的态度和行为方式总是比较稳固的，在类似甚至不同的情景中都会表现出来。所以，当对一个人的性格比较了解时，通常情况下可以预测他在一定情况下会做什么和怎样做。例如，长期与自己子女生活在一起的父母亲，对子女的性格很了解，对他们的所作所为能够掌控。当然，一个人的偶尔的不寻常表现，不能被认为是一个人的性格特征。

（二）性格特征

1. 性格的态度特征

指处理现实中各种社会关系方面的性格特征。如，对人是热心还是冷漠，对待工作和学习是积极还是懈怠等。

2. 性格的意志特征

是人对自己行为的自觉调节方式和水平方面的特征。如，在处理问题时是果断还是优柔寡断等。

3. 性格的情绪特征

指人的情绪波动性。如情绪体验能否受意志控制，喜怒哀乐表现是否明显等。

4. 性格的理智特征

是指人与认知活动相联系的性格特征。表现为人在认识活动中的态度，即主动与被动，精细与粗心，深刻与肤浅，广阔与狭窄等。

二、旅游者性格的类型

按着不同的倾向性和生活方式分会有多种分法，但按常规概括地分主要有两种。

（一）内向型性格

比较沉静，不善交际，不愿意冒险，喜欢传统的旅游景区或景点。不愿意接受新鲜的事物，比较有主见，内心已经形成的东西很难被别人左右。

（二）外向型性格

活泼开朗，爱交际，对外界事物很关注，容易接受新鲜的事物，有好奇心，喜欢探险，喜欢参与各种活动，并能有新发现、新体会。

三、根据旅游者性格特点做好服务

（一）确定旅游者的性格

要想了解一个人的性格得需要一定的时间，但是旅游活动又是一个比较短暂的、受时间限制的体验，这就需要旅游服务人员要有敏锐的观察能力和鉴别力，尽快判断出旅游者的性格类型。例如，可通过与他们进行言语交流、察言观色、肢体语言表现及衣着打扮等，来断定他们的性格。尤其是从衣着打扮上大体能进行鉴别：外向型性格的旅游者，喜欢鲜艳、时尚的衣着，看上去招人注目；内向型性格的旅游者，喜欢素雅、保守的衣着，给人以稳重、儒雅的感觉。

（二）根据旅游者性格类型做好服务

1. 对待外向型性格的旅游者，要满足他们活泼好动的性格特点，可以多给他们创造一些表现自己的机会。如，为了排解旅途中的单调和枯燥，可以请他们表演小节目，给他们讲一些诙谐、幽默的小段子等，既活跃了旅途气氛又满足了个人的需要。

2. 对待内向型性格的旅游者，可以将他们的注意力引到欣赏大自然的美妙风光上去，以满足他们不善言谈的心理需求。

第三节　旅游服务人员的能力

一、能力概述

（一）能力

能力是直接影响活动效率、使活动顺利完成的个性心理特征。也可以说是做事的本领。如，旅游服务人员具有敏锐的观察能力，刑侦人员具有极强的判断力和分析能力，杂技演员具有高超的表演能力等。能力是个性心理特征的一个重要方面，是整个个性的有机组成部分。能力与活动联系在一起，只有通过活动才能表现出来。

（二）能力分类

1. 一般能力

是人完成任何活动所必不可少的基本条件。如，人们认识活动中的观察力、记忆力、思维力、想像力、注意力等。

2. 特殊能力

是指从事某种特殊活动所必须具备的能力。如，杂技演员的表演能力，导游员的演讲能力，厨师的烹饪能力等。

一般能力和特殊能力是有机地联系在一起的，一切特殊能力都是在一般能力的基础上发展形成的，而特殊能力的发展也能促进一般能力的提高。例如，厨师没有良好的记忆力、想像力就不会烹制出美味佳肴,刑侦人员没有良好的观察力、注意力也不会顺利破获大案要案。

二、能力与知识、技能的关系

(一)联系

能力与知识、技能相互依赖,相互制约。知识、技能是能力发展的基础，而掌握知识、技能又要以一定的能力为前提。例如，一名优秀的导游员，要顺利完成导游服务工作，不仅需要相应的能力(记忆力、注意力)，而且还要有相应的知识和技能(导游基本规范、演讲能力)，它们之间相辅相成，互为条件。

(二)区别

知识是人类实践经验的总结和概括，技能是自动化了的活动方式，能力是一个人比较稳定、直接影响活动效率的心理特征。具有同等知识的人，他们的能力不一定是相等水平;具有同等水平能力的人，也不一定有同样水平的知识。从时间上看，知识、技能往往随着学习时间的增长而增长，但能力的发展与知识的增长并不同步，能力的形成和发展比知识的获得要慢。例如，两名本科学历的导游专业的毕业生，一名始终工作在旅行社做导游员，另一名不适应导游工作，而另谋他职;两名同等能力的导游员，一位可以是本科学历，一位可以是专科学历。

三、旅游服务人员要培养自己得心应手的工作能力

(一) 要具备良好的记忆力、观察力、注意力和思维能力等，前面第三章已有陈述。

(二) 要熟练掌握完成好本职工作的技能

1. 技能

是掌握和运用某种技术的能力。如，司机要掌握驾驶技能，厨师要掌握烹饪技能，导游员要掌握演讲技能，营销师要掌握推销技能等。

2. 掌握技能的有效方法

(1)多练

任何技能的掌握都是在理论知识理解的前提下有目的、有步骤地练习的结果，也就是说多练是技能形成的有效方法。前面第三章提到的“无臂画家杜兹纳”之所以能成为闻名世界的艺术家，一方面是他有顽强、超人的意志，另一方面就是他反复练习的结果。例如，一名导游员能流利地绘声绘色地讲解旅游景点靠的也是平时不断的练习，掌握了讲解的技巧，才能运用自如。

(2)科学地进行技能训练

首先，要明确练习的目的和要求。只有明确目的和要求才有一定的动力和兴趣去完成任务。

其次，掌握正确的练习方法。这样可以避免盲目尝试，少走弯路，收效会明显。

最后，练习要有计划有步骤地进行。采取先易后难，先简单后复杂的方法练习，例如，餐厅服务员要想学会摆台的技能，先要学会如何托盘、如何用口布折花等单项的技能，最终将各种单项加以综合，才能摆出各式各样的宴会台面。

思考练习题：

一、填空

1. 希波克拉底被西方尊为（　　　　）的古希腊著名（　　　　），西方医学奠基人。提出“体液（humours）学说”，他的医学观点对以后西方医学的发展有巨大影响。

2. 人身上的四种液体是（　　　　）、（　　　　）、（　　　　）、（　　　　）。

3. 气质的类型分四种是（　　　　）、（　　　　）、（　　　　）、（　　　　）。

4. 性格的特征包括性格的（　　　　），性格的（　　　　），性格的（　　　　）和性格的（　　　　）。

5. 能力是个性（　　　　）的一个重要方面，是整个个性的有机组成部分。能力与（　　　　）联系在一起，只有通过（　　　　）才能表现出来。能力分为（　　　　）和（　　　　）两种。

6. 掌握和运用某种技术的能力叫（　　　　）。

二、名词解释

1. 气质　　2. 性格　　3. 能力　　4. 技能

三、连线题

多血质	兴奋型
黏液质	忧郁型
胆汁质	安静型
抑郁质	活跃型

四、判断题

1. 人们在社会实践中的记忆力、想像力、思维力、注意力是人的特殊能力。（　　　　）

2. 艺术家演奏钢琴的能力是人的一般能力。（　　　　）

3. 对每个人来说并不是只具备单一的气质类型，大多数人属于中间型或者以某种气质为主，兼而有其他的气质类型。（　　　　）

4. 能力和技能是一回事。（　　　　）

5. 汽车司机的驾驶能力是特殊能力。（　　　　）

6. 掌握技能的最有效方法是多做练习。（　　　　）

五、问答题

1. 如何接待不同气质类型的旅游者？

2. 怎样根据旅游者的性格做好服务？

3. 能力与知识、技能有什么关系？

4. 旅游服务人员怎样掌握服务技能？

六、案例分析题

（一）某天，酒店大堂走来一位全身上下均是红色的 VIP 重要客人，就连小包也是红色的。在客人办理完登记入住手续后，她说她出去办点事，走了。总台服务员小张发现客人的这身打扮，他立即打电话通知客房部，将客人已订好的房间内的窗帘以及其他用品全部换成红色的。两个小时以后，当客人走进房间，看见自己房间的布置，激动地对服务员说："谢谢，谢谢，以后我会常来的。"

研讨问题：

1. 酒店为客人提供的是什么样的服务？

2. 从服务员小张的做法判断，小张是一个什么样的员工？

（二）一件不受欢迎的礼物

一位很有身份的西欧女士来华访问，下榻于北方一家豪华大酒店。酒店以 VIP（重要客人）的规格隆重接待。这位女士很满意。陪同客人入房的总经理见这位女士兴致很高，为了表达酒店对她的心意，主动提出送她一件中国旗袍，她欣然同意。总经理随即让酒店裁缝量了尺寸，总经理很高兴能送给尊敬的女士这样一份有意义的礼品。

几天后，总经理将做好的鲜艳，漂亮的丝绸旗袍送来时，不料这位洋女士却面露愠色，勉强收下。几天后女士离店了，她把这件珍贵的旗袍当作垃圾扔在酒店客房的角落里。总经理大惑不解，经多方打听，才了解到客人在酒店餐厅里看见女服务员多穿旗袍，而在市区大街小巷，时髦女士无一人穿旗袍，因此她误认为那是侍女特定的服装款式，故生怒气，将旗袍丢下。总经理听说后啼笑皆非，为自己当初想出这么一个"高明"点子懊悔不已。

研讨问题：

1. 总经理送礼物的初衷是什么？

2. 总经理的做法错了吗？为何洋女士会不高兴？

第六章　导游服务心理与策略

学习目标

★ 熟悉导游服务人员要扮演哪些角色

★ 掌握导游服务中的心理策略

旅行社是旅游业的三大支柱（旅行社、旅游交通、旅游饭店）之一，导游是旅行社的支柱。导游服务在很大程度上是一种心理性服务。利用一些心理策略完善导游服务，可以更好地满足旅游者在旅游中的各种心理需求。

第一节　导游的角色心理

导游是旅行社的支柱，导游员一度被美誉为“国家的代表”、“民间的大使”、“友谊的建筑师”。因此说导游在旅游过程中的角色是多种多样的。

【案例】：现年37岁的邮政大臣野田圣子，既是日本现内阁中最年轻的阁员，也是唯一一位女性大臣，然而有谁能想像得到，她的事业起点却是从喝厕所水开始的。野田圣子的第一份工作是在帝国酒店当白领丽人，在受训期间负责清洁厕所，每天都要把马桶抹得光洁如新才算合格。可是自出娘胎以来，她从未做过如此粗重的工作，因此第一天在伸手触及马桶的一刻几乎呕吐，甚至在上班不到一个月时便开始讨厌这份工作。有一天，一名与圣子一起工作的前辈在抹完马桶后居然伸手盛了满满一杯厕所水，并在她面前一饮而尽，理由是向她证明经他清洁过的马桶干净得连水也可以饮。此时，野田圣子才发现自己的工作态度有问题，根本没资格在社会上肩负起任何责任，于是对自己说：就算一生要洗厕所，也要做个洗厕所最出色的人。结果在训练课程结束的最后一天，当她抹完马桶之后，也依然喝下了一杯厕所水，并且这次经历成为她日后做人、处事精神力量的源泉。

角色一词在中文中指演员扮演剧中人物，在英文中(role)还可作任务、作用来解释，因此角色就是指某一个人在某一位置上发挥某种作用，完成某项任务的意思。作为导游服务人员，不论是高级职称还是初级职称，所扮演的都是服务角色。作为现实生活中的一个社会人，一生中可能会扮演多种角色，但各种角色的转换实现也不是一件容易的事。无论是谁只要一到酒店上班，就统一成了服务角色。所以国外的饭店有一项不成文的规定：凡是到酒店的新员工，都必须从洗厕所干起。只有通过这一关的人，才能端正工作态度，实现角色的转换。正如野田圣子所说：“就算一生要洗厕所，我也要做个洗厕所最出色的人。”

一、领导者的心理

就是要求导游具有带领团队的领导能力和人际交往能力。

(一) 组织管理能力

一个旅游团队的形成就是一个临时的集体，这个集体的每一员来自不同的岗位、不同阶层，有着不同的年龄、可能有着不同的爱好。不管是哪个职位的人一旦加入这个旅游的集体，就形成了平等的地位，也就是被领导者，那么导游就是他们的领导，所以导游的组织管理能力就显得尤为重要，作为一名合格的导游要能控制住团队，对突发事件及紧急事务要处危不惊。

【案例】：陕西某旅游公司的一位导游，一次带团去华东“五市”(南京、上海、杭州、苏州和无锡)旅游，团队共有72人，其中有22个孩子，规模是比较大的。当到达第三站杭州准备外出旅游时，发生了意想不到的事情，游客中有一位六十多岁的老人突然发病，送医院检查诊断是癌症晚期，随时都有死亡的可能，医院要求通知其家属。面对这突如其来的变故，导游当机立断，要求医生照顾好病人，等待其家属的到来。每天她与另外一人共同取药、换药，直至家属赶来。经过精心治疗，病人病情稳定后由家属接回。对在治疗过程中病人的怒骂，这位导游丝毫不介意，因为为游客服务是第一位的，更何况游客得了绝症。同时也没有耽误其他游客的旅游，使这次旅游圆满结束。后来当病人去世后，公司还特意去慰问，病人家属十分感激，使得公司与家属之间建立了良好的关系。

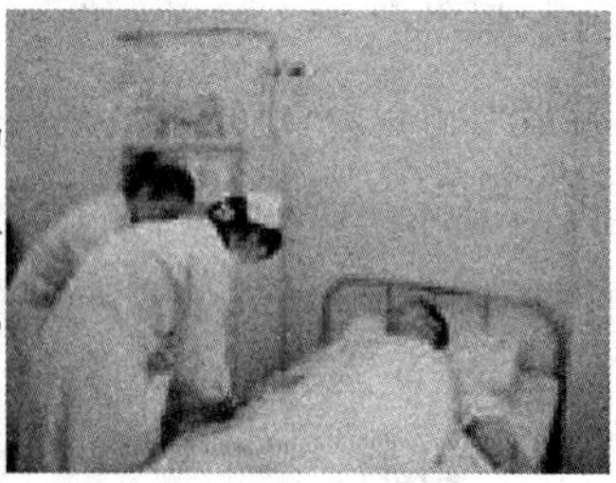

这位导游对于紧急情况的处理能力是比较强的，显示了作为一名导游所应具备的良好的意志品质和职业道德。当游客生病后她及时地将其送往医院治疗并及时通知了公司和病人家属。在游客住院期间，她坚持每天为其取药、换药，同时也没有耽误其他游客的旅游，使得旅游活动圆满结束。导游以及所在的公司都得到了客人的普遍肯定。

(资料来源：张红，李天顺.《旅行社经营管理实例评析》. 天津：南开大学出版社，2000)

(二)人际交往能力

人际交往包括客我交往、客人与客人间的交往、导游与导游间的交往。在这里客我交往应放在首位，没有客我交往就不可能有旅游服务。客我交往需要导游与旅游者有思想交流、感情交流、意愿表达、解决问题等。

一名导游要做好客我交往首先要具备外向乐观的性格特征，就是乐于同各种类型的游客打交道的热情性格。只有这样，导游才能与所带团队的每一位旅游者建立起融洽、和谐的人际关系，使旅游者感到满意、亲切，并且乐于接受服务。

另外客人与客人间的交往，导游可以通过对旅游者的身份、地位的了解为他们创造交往的机会。导游与导游间的交往是一种团队的合作精神，没有一个和谐的、有凝聚力的团队是做不好任何事情的，这也是对导游自身素质的严格要求。

二、教育者的心理

旅游活动是一种有效的教育手段，也是将脑海中的理论知识与实践活动相融合的一个过程。旅游者出游的目的之一是增长知识，丰富自己，这些就要靠导游的介绍和讲解，我们把旅游活动比作一个大课堂，旅游者是学生，导游就是传授知识、解答问题的教育者。例如：吉林长春的“伪满皇宫”，很多人在小学、中学从书本上就知道这里是中国的末代皇帝、皇后及妃子生活的地方，可那只是理论的知识，凭借教师在课堂上的讲解去想像，当身临“伪满皇宫”其境时，导游准确地讲解终于将大脑中的已有的理论知识与实物相结合，这样的知识在大脑中会根深蒂固……这方面对导游的要求亦很高，掌握知识必须准确无误，不能有歧义和模棱两可的现象出现。此时的导游也是在做“传道、授业、解惑”的工作。

三、公关代表的心理

导游是一个旅游企业，一个旅游景区、景点，一个民族甚至是一个国家的公关代表。旅游者对景区、景点、地域风情、古迹的了解基本是靠导游来牵线搭桥，所以人们把导游称为“民间大使”。既然导游有“公关代表”、“民间大使”这一特殊角色，他们的举止言行都代表着一个组织或地区的形象，如果导游不称职就会给一个地区、一个行业带来负面的影响，而且影响一旦产生要想挽回是很难的，看下面的案例。

【案例】： **一问三不知的导游**

小王是某旅行社新招聘的导游，对所在城市游览点的导游词背得滚瓜烂熟，对自己的工作充满信心。

一天他带领游客去游览岳王庙。在正殿，小王讲解道：“这天花板上绘的是松鹤图，共有372只仙鹤，在苍松翠柏之间飞翔，寓意岳飞精忠报国精神万古长青。”一游客听了之后，就问小王：“为什么是372只仙鹤，而不是371只或是373只？这有什么讲究吗？”小王倒是很爽快，回答说：“这个我不清楚，应该没什么讲究吧！”

岳王庙

图6－1－1

岳王墓

图6－1－2

来到碑廊区，小王指着墙上“尽忠报国”四个字，说这是明代书法家洪珠所写。团中一位年轻人不解地问小王：“为什么前面正殿墙上写的是‘精忠报国’，而这儿却写成‘尽忠报国’”呢？小土考虑了一会儿，吱吱唔唔道：“这两个字没什么区别，反正他们都是赞扬岳飞的。”那游客还想说什么，小王却喊道：“走了，走了，我们去看岳飞墓。”

到了墓区，小王指着墓道旁的石翁仲讲解道：“这三对石人代表了岳飞生前的仪卫。”游客们没有听懂，要求小王解释一下“仪卫”是什么，小王犯难地说：“仪卫嘛，就是为岳飞守坟的。”游客反问道：“放几个石人在这儿守坟有什么用呢？”小王说：“这个，我不知道。”

导游是做什么的？能带路，能讲解，远远不够。导游应是游客的老师，游客的朋友，是游客的楷模……所谓老师就要能做到韩愈《师说》中所说的“传道、授业、解惑。”导游工作是一项与人打交道的工作，中国人、外国人、老年人、年轻人、男人、女人，各种各样的人，会提出各种各样的问题。一问三不知，何为导游，有人说：“导游，导游，上知天文，下知地理，无所不晓。”又有人说：“在导游的‘词典’里，是找不到‘不’这个词的。”可见，对导游知识面的要求有多高。当然，导游不可能做到行行通，成为一个全能人物。但多看书，从人家那学，不懂就问，使自己具备相当广的知识面，却是导游工作对导游的一项特殊要求。愿我们的导游不要做本案例中的小王。

（资料来源：http://www.bhu.edu.cn）

四、导购员心理

旅游六件事“吃、住、行、游、购、娱”。游览之余的购物是旅游活动中必不可少的内容。作为一名优秀导游如何将当地的土特产品、特色工艺品推销给旅游者也是导游工作的一门学问。因为旅游是一件大事，许多年以后当记忆已不再清晰，当照片已经泛黄，只有戴在身上或摆在家里的旅游纪念品能够依稀勾起我们对那一年、那一次的旅游的回忆……所以引领旅游者购买货真价实的当地特色产品是导游义不容辞的义务，也是对自己地域的经济与发展的一次宣传与贡献。但是从职业道德的观点出发，对旅游者推销的产品切忌带有个人的经济利益，否则会给旅游者对旅游购物在心理上产生阴影，以至于抵触。

第二节　导游服务中的心理策略

导游服务既是心理服务又是功能性服务。所以为了能最大限度地满足旅游者在旅游活动中的各方面的心理需求，要求导游要正确把握旅游者的心理活动规律，运用相应的心理对策来完善导游服务。

一、做好接团前的准备工作

(一)熟悉团队的自然概况

例如:旅游者的职业、年龄、文化修养。

(二)本团队的旅游者是否有特殊要求

例如:民族、宗教信仰等,有哪些特殊要求。

二、树立良好的个人形象

接团是导游工作的开始,也是给旅游者留下第一印象的开端,这种首因效应会给旅游者留下深刻的烙印。

(一)端庄舒适的服饰

导游的着装要大方、得体、整齐、简洁且方便导游服务工作;佩戴的首饰要适度,不宜太彰显个性;既不能浓妆艳抹又不能素面朝天。总之,要与自己的职业身份相匹配,否则旅游者会对导游产生厌烦的心理或者不屑一顾。

【案例】: 讲解数第一,首饰可不能数第一

小梅下团后心情非常不好,游客对她的穿戴打扮提了意见。小梅那天接团前精心打扮了一番,做了个波浪式的发型,戴了一条金项链和一对带钻石的耳环,还有那条镶嵌宝石的手链,服装和手提包也都是名牌。她想:改革开放十几年了,该让客人看看我们的生活水平了。

到了机场,小梅就觉得团队的游客对她"视而不见"。出口处就只有她一个导游,可客人还是一个劲地东张西望,直到小梅打着旗子走过去问他们是哪个团的,他们才看她一眼。

上车以后,小梅发现大多数女游客都是斜着眼看她,眼睛眯眯着,嘴角往下拉,就好像她欠了她们什么似的。

小梅开始导游,可是,无论是自我介绍,还是导游大赛得奖的沿途景观介绍,客人一点掌声也没有,一个个都把眼睛往车窗外面看。小梅心想:大概是太太们太厉害了,先生们的眼睛都不敢朝女导游身上看了。可是,那几位单身男士怎么也是毫无兴趣的样子呢?

吃饭的时候,领队对小梅说:"小姑娘,你打扮得太漂亮了,把客人都比下去了。明天最好把首饰换一换……"小梅心里不服气。她想:长得漂亮是爹妈给的,首饰、衣服是自己挣的,穿什么带什么还要你们来管吗?

第二天,小梅换了一套更好的衣服,又换了一条更好的项链,上面有一粒她从香港买回来的钻石。可是,不管小梅讲什么,客人还是一声不响,只有领队重复集合时间的时候,客人才应了几声。

在送别游客的检票口,团长把小费递给小梅的时候说:"你的讲解很好,这几站就数你第一。不过,你的首饰也是数第一,太抢眼了!大家是出来旅游的,不是来看你的首饰的。如果你真的想好好展示一下呢,不如去做模特儿。我想,模特儿挣的钱要比导游多得多吧?"小梅当时给气得真想把小费扔到他脸上去。小梅对小杨说了事情的经过之后，问道："你说，真的是我错了吗？"

小杨还没有开口，她们就听到了赵先生的声音："大概是错在你的穿戴打扮不符合你的角色。"原来，他们的谈话已经被赵先生听到了。

赵先生接着说："你的角色是为客人提供服务的，可是，你的穿戴打扮像是要为客人提供服务吗？客人会觉得你是要显示一种'心理优势'，要把他们比下去，要让他们相形见绌。"

小梅委屈地说："我怎么会有那个意思呢？我也不是那种人哪！"

赵先生说："是呀，我们当然知道你不是那种人，可是客人根据什么来了解你呢？你在学校不是学过一种什么'效应'吗。"

小梅说："是'第一印象效应'吧？哦，我明白了，客人对我的第一印象就不好。"

赵先生说："其实，我觉得你现在这套服装首饰去掉就很好。你看，身材苗条，面容姣好，又有青春气息，既不卑，又不亢，多好！"

（二）亲切文雅的谈吐

导游亲切文雅的谈吐，很容易被旅游者接受和认可，并能有效地消除旅游者在旅游初期容易出现的的陌生感和紧张感，也会缩短导游和旅游者之间的情感距离，还能增进双方的理解与包容。亲切文雅的谈吐是长时间自身修养的结果。优秀可以成为一种习惯，一个温文尔雅的人到哪里都会受到尊重，导游工作本身并不是单一的讲解就能完成的，它是一个人综合素质的展现。

（三）和蔼可亲的服务态度

导游的工作是服务，服务是为一定的对象工作。作为导游切不可凌驾于旅游者之上，时时刻刻要亲切和蔼面带微笑，以一种饱满的热情投入到服务工作之中。对每一位旅游者，导游应不分种族、国籍、民族、宗教信仰、贫富，一视同仁。导游所表达的每一句话语，都应叫旅游者听后感到温暖、体贴，产生一种宾至如归的感觉，做旅游者依赖的对象。

知识阅读：

用微笑换来的生命

西班牙内战时，一位国际纵队的军官不幸被捕，被投进了森严阴冷的单间监狱。他从狱卒口中得知，明天将被处死。为了缓解临死前的恐惧，这位军官双手不住地颤抖着，伸向被检查过的上衣口袋，摸出一支皱巴巴的香烟但是火柴却被人搜走了。

透过牢房的铁窗，借着昏暗的光线，他看见了一个士兵。他鼓起勇气，用尽量平静的声音一字一句地对他说："对不起，有火柴吗？"

士兵慢慢扭过头来，用冷冰冰、不屑一顾的眼神扫了他一眼，但还是慢慢吞吞地踱了过来，掏出火柴，划着火递到这位战俘的嘴边。

那一刻，在明亮的火柴光下，他们的目光撞到了一起。这位军官不由自主地咧开嘴，对他微笑了一下。士兵愣了一下，但很快，几秒钟之后，他的嘴角也开始不自然地往上翘——士兵也笑了。

后来，他们开始了交谈，谈到了各自的故乡、妻子和孩子，甚至还相互掏出了珍藏的与家人的合影。他们谈了很久很久，彼此都微笑着，充满善意和感动。而最后当这位军官苦泪纵横……曙光渐渐来临时，这位士兵竟然动了感情，他把食指贴在嘴上，示意不要出声，掏出钥匙打开了牢门……

微笑，代表着亲切、友善和热情。它是人们沟通的桥梁，感情的纽带。用一个微笑居然挽救了一条生命，这大概是世界上最有价值的一个微笑了。

三、有针对性地进行导游服务

（一）要根据不同国家或民族的传统文化和风俗习惯进行导游

例如，美国旅游者多数是外向型性格，尊崇自由，喜欢诙谐幽默的语言；英国人性格内向，崇尚绅士风度，做人矜持，与他们交流，要庄重严谨；日本人特别注重礼节，要满足他们的需求。

（二）要根据不同的背景进行导游服务

例如，对度假休闲的旅游者和对专业旅游团队应该分别有所侧重，对年长者和年轻人亦应分别有针对性。在导购的过程中应倾向于女性旅游者。

（三）要根据审美习惯进行导游服务

由于个性的差异，每个人会有不同的审美观点。审美本身就是一个心理过程，审美活动是人对审美对象进行价值判断的过程。例如，就像我们欣赏京剧：我们可以接受舞台表演艺术的各式各样的花脸，而现实生活中则不可能接受那样的装束。所以导游不能把自己的审美标准让旅游者认同，要尊重任何一个个体的审美习惯。

（四）要根据不同的思维方式进行导游服务

例如，东方人的思维方式一般是从抽象到具体、由大到小、由远及近，西方人的思维方式与东方人正相反。由于我国地域辽阔，南北方人的思维方式也有区别。例如，北方人的思维就没有南方人细腻、谨慎，喜欢的是粗线条，性格豪放、直言快语，擅长交际；南方人特别注重细节，遇事三思而后行，性格稳重。

（五）提供超常服务

所谓的超常服务是指非一般性、例行性的服务，而是指比较细微的服务。例如，旅游者在旅途中的突然患病需要关心帮助，残疾人的特殊服务，一些旅游者的个性需求等。提供超常服务体现了导游服务的人性化，也是最得人心的心理策略。

【案例】：

细微之处见真情

前不久，罗先生在保定某大厦做了两天的停留，酒店细致周到的服务，给罗先生留下了深刻的印象，使其切实体会到了细致入微服务的魅力。

入住的第一天早晨，罗先生梳洗完毕，将个人携带的洗漱用具随便放在了客房的梳洗台上。用完早餐后，他发现自己携带的洗漱用具被重新摆放了，牙膏、牙刷被放在了一个干干净净的玻璃杯内，摆在最方便拿取的位置上，毛巾整整齐齐地叠放在毛巾架上，剃须刀放在面盆右侧离水龙头较远的地方，而原来摆放在那些地方的用品均被放到了其他的位置上。更令罗先生感到惊奇的是，他放在写字桌上的移动电话充电器，竟然多了一个接线板！

第二天，罗先生同样又发现了许多个“惊喜”：罗先生喜欢吃桔子，故而他仅取了果篮里的桔子吃，其他的水果均未动。这天外出回房后，他发现果篮内不仅添了橘子而且还增加了一只，更值得一提的是，所放的橘子味甜无核，十分可口。罗先生非常高兴，立即打电话给酒店的客房部经理，赞扬酒店的服务周到、细致，希望酒店能够长期保持。几分钟后，罗先生接到酒店客务总监陈先生打来的电话，陈先生代表酒店向罗先生表示感谢，并欢迎他以后多提意见，同时告诉罗先生，若他有什么需要，可随时通知服务员，也可以填写放在床头桌上的“客人意见卡”，写下自己的要求。出于好奇，罗先生在卡上写下了一句话——“被子有些薄，枕头矮了点”，随后挂上“请即打扫”牌，外出办事了。晚上回来，客房内的灯亮着，客房内散发着柔和的乳黄色的光线，这与其他酒店开夜床时点亮的节能灯所发出的惨白光线截然不同，令刚从夜幕中归来的罗先生倍感明亮、温馨。床上多加了一床被子与一个枕头，垃圾桶内干干净净……

临别时，罗先生给酒店留下一封信：“……贵酒店的服务是一流的。长期以来，我所住过的酒店都是在我提出要求后，酒店才提供一些特别的服务，而你们却做在了我的前头，让我真正领悟了服务的魅力，也感受到了未来酒店服务的方向。今后，只要来保定，我都会选择入住贵酒店的，希望贵酒店能接受我……”

（资料来源：张秀萍. 中国旅游报，2001.3.9）

思考练习题：

一、填空

1. 导游是(　　　　)的支柱，导游员一度被美誉为(　　　　)、(　　　　)、(　　　　)。因此说导游在旅游过程中的角色是多种多样的。

2. 旅游业的三大支柱是(　　　　)、(　　　　)和(　　　　)。

3. 旅游六件事包括“(　　　　)、(　　　　)、(　　　　)、(　　　　)、(　　　　)、娱”。

二、解释名词

1. 超常服务　　　　2. 个人形象

三、问答题

1. 怎样理解导游的角色心理?

2. 导游服务中有哪些心理策略?

四、案例分析

华侨蒋先生离开故乡已将近50年，这是他第一次随旅游团回家乡。“最甜故乡水，最亲故乡人”。想起自己一去50年，虽乡音依旧，但两鬓斑白，再看看故乡的巨大变化，蒋先生喜极而泣。虽然父母早已不在人世，也没有什么亲朋，但他仍回到小时候居住过的地方走了一圈，并想见见少年时的伙伴。可回到故地一看，那里正在进行旧城改造，所有的住户都暂时搬迁了，蒋先生怏怏不悦地“归了队”。回到饭店，蒋先生把自己此行最大的心愿告诉了地陪冯小姐，希望冯小姐能帮他寻找到少年时的好友，使自己在故乡逗留期间能和他们见上一面，了却多年的心愿。望着蒋先生那希冀的目光，再看看他那斑白的头发，冯小姐也动了感情，她爽快地答应道:“蒋先生，您放心，我一定努力为你去办。”

冯小姐虽然答应了蒋先生，但到底怎么去找蒋先生的故友，也是心中无数。毕竟蒋先生离开故乡那么多年，平时跟那些少年好友没有联系，那地方现又在旧房改造，再说，蒋先生的朋友是否一直住在那个地方呢？最大的麻烦是自己在团上抽不出时间。既然答应了就要去做，并要有个结果。冯小姐理了理思绪，她认为:第一步，应该详细询问蒋先生有关他故友的姓名、年龄等情况;第二步，应到所在地派出所查找;第三步，去承担旧城改造的部门，查找蒋先生故友的拆迁安置处。当然如果派出所找不到，只有与红十字会联系或在报纸、电视、电台上做寻人启事。寻找的步骤确定了，可自己没有时间，于是冯小姐把这件事交待给了自己的一位好朋友。依照冯小姐拟定的步骤，冯小姐的朋友没费太多的周折就幸运地找到了蒋先生的故友。那天晚上，当冯小姐安排蒋先生与其几个故友见面时，蒋先生非常高兴。

（资料来源:徐云松. 旅行社服务案例与评析. 高等教育出版社，2000）

研讨问题：

1. 请你给本案例总结一个题目。

2. 导游冯小姐的做法是导游工作分内的事吗？她为什么这样做？

3. 试分析游客蒋先生的感动会带来什么影响。

第七章　饭店服务心理与策略

学习目标

★ 旅游者对饭店的心理需求

★ 饭店前厅服务心理策略

★ 饭店客房服务心理策略

★ 饭店餐厅服务心理策略

名人名言

无论遭遇何种困难，“希尔顿”服务员脸上的微笑永远属于旅客。

【引例】：某市机械进出口公司戴副总经理，陪同几位泰国客人游览我国著名文化古城绍兴市，下榻在该市惟一的三星级饭店——绍兴饭店。办好住店手续，戴副总和几位泰国客人各自进入房间，服务员温文尔雅地举止和恰到好处的言谈使戴副总不由得叹道：毕竟是文化古城的人，处处显出儒雅之态！因为白天一连游了兰亭等好几处名胜，戴副总感到腿酸、浑身乏力，脱下皮鞋便一头倒到床上。

“叮铃铃”忽然电话铃响了。原来是同来绍兴的一位泰国朋友从隔壁打来的，询问国际电话如何打。戴副总翻开《服务指南》，把打电话的程序原原本本翻译成泰语告诉他。忽然一眼瞥到一串很有新意的句子：

“请您用正楷全称填写住房登记表。”

“请写清您的房间号码。”

“请您不要将客房改变用途。”

“请您使用客房内的保险箱。”

戴副总似有很深的感触，回过头去，一眼瞅到床头柜上有一块写着“欢迎参加我们的环保活动”的醒目牌子，正面写着：“欢迎参加我们活动，您只需在离开房间前做几件事：将房间的灯熄灭，关掉暖气、空调、电视、收音机；减少被单、浴巾的更换次数，节约用水。我们绍兴的全体同仁对您为节约资源所做的一切表示衷心的感谢！对环保活动有何建议，请拨分机7。再次对您表示感谢。”牌子的另一面则写着“床上请勿吸烟”。

戴副总脑海中立刻浮现出另一幅画面：3天前，他们一行在另一座中等城市的一家规格不低的酒店里，床头柜上白底红字：“严禁床上吸烟”，后面还有一个不容疏忽的大感叹号。在这儿，“严禁”换成了“请勿”，戴副总感到非常亲切，他一时兴起，躺不住了，干脆朝四周环视，看看还有什么新鲜事儿。喏，那不是，镜台上有块色彩素淡的牌子，上面写着几行字。他提起牌子读起来：“为了您的方便，客房内已为您提供了备用物品，这些物品是客房备品的一部分。请您协助服务员做好房内设备、用品的保管和保养工作。如因使用不当而造成房内设备损坏和用品失少等，饭店将向您收取一定的费用，作为补偿。如果您想选购，请与客房部联系。”戴副总又转到卫生间，贴在梳妆镜旁边的草绿色的牌子留住了他的目光：“在世界各地千万家旅馆中所使用的床单、浴巾每天都需要更换清洗，用掉了以几百万加仑计的水和以吨计的清洁剂。通常我们每天都对客人的浴巾、毛巾进行换洗，如果您觉得不必要时，请将继续使用的浴巾、毛巾放到毛巾架上；如果需要换洗，请将它们放在梳妆台下的藤筐里。”他越读越觉得字里行间充满了文明礼貌与环保意识，不禁拍案叫好！

（资料来源：http://eat. veryeast. cn ）

服务行业尽管都把客人尊为上帝，然而在具体细节上却常常与此相悖。例如饭店的《服务指南》中，“必须”、“应该”，甚至于“严禁”之类的词语大可信手拈来。对“上帝”竟敢以严词斥之显然有悖情理，“上帝”读了那样的《服务指南》一定噤若寒蝉。大堂内挂着的“宾至如归”与那些“必须”、“不准”、“应该”等出现在同一家饭店，常会使人产生一种滑稽的感觉。绍兴饭店在这类告示中以“请”字取代那些生硬的词语，很有见识，体现出饭店对客人应有的礼貌与尊重。

旅游业的服务宗旨就是尊重旅游者的意愿，一切为旅游者着想，千方百计为旅游者服务，以满足旅游者的多种需要。那么，旅游者一到达酒店，旅游经营者就必须了解他们需要什么，根据他们的需要来提供相应的优质服务。

第一节 旅游者在饭店的心理需求

旅游者住进饭店后，就成为了饭店的“客人”，他对饭店的基本需要就是对自己而言有一个临时的“家”，解决生活上基本的吃住问题，这是旅游者到饭店来的最主要的动机。在这一动机的支配下，客人对饭店有哪些具体的需要，饭店的经营者就必须有一个清楚的认识。

一、方便

旅游者在选择饭店时首先考虑的因素是方便，要求所下榻的饭店能及时为他们提供各种方便服务。例如，饭店的地理位置是否方便出行？接待与服务的项目是否能够满足生活、旅游等方面的需要？住宿、离店手续是否便利快捷？行李运送是否准确无误等问题。“在家千般好，出门万事难”说明人们外出旅行最怕的就是不方便。

旅游者入住饭店后，如果处处感到很方便，就会在心理上得到安慰，精神上得到放松，产生愉快、舒适的情绪，能消除旅途的疲劳和紧张；否则，就会产生沮丧、不满的情绪，可能导致旅游者离开饭店。

面对不同类型的旅游者，饭店服务人员应提供不同的方便性服务。例如，对观光型旅游者应该注重提供食、住、行等方面的服务，对商务型旅游者应提供信息、交通、工作等方面的服务。

二、安全

安全需要是旅游者最重要的需要之一。安全是涉及旅游者生命财产的头等大事，旅游者离开居住地，来到一个陌生的地方，由于对社会环境和交通等客观条件不熟悉，所以在心理上高度警觉，安全需要极为强烈，随着对环境的熟悉，安全需要会逐渐地减弱。

为了保证旅游者的生命和财产安全，现代饭店一方面从管理制度建设上，提高员工的安全意识，加强安全保卫工作，对员工进行安全防卫等方面的技能培训；另一方面从硬件设施建设上，利用现代化的科技设备，提高了防火防盗的安全系数。同时还应向游客提供安全方面的宣传和指导，以防游客在遇到紧急情况时不知所措。这些都是为旅游者的安全提供了可靠的保障，从心理上使旅游者缓解了紧张感，在饭店中愉快并安全地度过短暂的旅游生活。

三、卫生

旅游者外出旅游，对饭店客房环境清洁卫生的需求，是游客尤为普遍而正常的心理状态。清洁卫生不仅是一个人生理上的需要，而且能使人产生一种安全感和舒适感。游客希望客房的用具，特别是直接与自己身体接触的茶杯、被褥、脸盆、浴缸、马桶等都清洁卫生、严格消毒。他们希望服务人员有较高的卫生素养，希望自己在外面旅游期间身体健康、身心愉快，不感染任何疾病。

美国康奈乐大学旅游旅馆管理学院对三万多名旅游者进行了调查，结果显示60%的人把清洁卫生列为第一需求。由此可见,清洁卫生对饭店是多么重要。清洁卫生不仅是对饭店的一种要求，也是社会文明的一种标志，是文明生活、高质量生活的一个组成部分。

四、安静

饭店的主要功能就是为旅游者提供过夜休息的场所。旅游者通常白天旅途奔波，晚上下榻饭店，就是为了有一个安静、舒适的环境以便消除一天的疲劳。如果饭店环境嘈杂，势必会影响到旅游者的睡眠质量，很容易引起旅游者对饭店服务的不满。

为了满足旅游者安静的需求，现代饭店在建设与设计时，采取一定的措施使饭店环境达到旅客要求。例如，在饭店选址时，避开噪声较大的区域，门窗选用隔音性能良好的材料制作；在施工中，选用隔音材料使楼层之间、客房之间完全隔音；为避免大型设备如锅炉、中央空调等带来的噪声，选择能源集中供应的方式。此外，饭店其他部分如大堂、餐厅、商场也要满足饭店对安静的要求，不能成为噪声源。

五、公平

旅游者外出旅游是一种消费行为，作为消费者，不仅仅是通过购买旅游产品或服务得到旅游享受，而且希望得到服务人员对他们的尊重，希望受到公平合理的接待服务。即要求服务人员能“一视同仁”，不因外表穿着、社会经济地位的差别，受到冷遇、歧视或者在价格上感到吃亏。旅游接待服务的平等性、旅游产品价格的公道性也是旅游者心理需要之一。旅游者对这种需求的不满会表现得非常敏感和强烈，一旦发生服务人员对旅游者实行不公平接待或售以不公道的价格，旅游者会产生挫折感，甚至进行投诉而使饭店服务工作陷于被动的局面。

还应该注意的是，旅游饭店是提供旅游者生活服务的基地，以上的各种心理需求是旅游者在旅游饭店生活中的一些共同的、一般的心理活动。但是，旅游者的具体情况，如国籍、职业、家庭、性别、年龄、受教育程度、生活习惯、收入水平、文化背景、宗教信仰、经济及社会地位等的不同，旅游者的兴趣、爱好、个性也不同，对上述需求的表现形式和内容必然存在个体的差异。例如：有的需要价格低的单人间，有的要住套房或豪华套房，而且价格要昂贵一些以显示其地位；有的喜欢中国茶，有的喜欢矿泉水，有的则要喝咖啡或果汁等。因此，饭店服务应尽可能了解旅游者的个体差异和个性特征，采用有针对性的措施提供有效的饭店服务，努力使不同的客人在旅游饭店中都能达到精神和心灵的满足，从而使客人能够真正满意。

第二节 饭店服务的心理策略

一、前厅服务心理

前厅是饭店的门面与窗口，是客人与饭店最初接触和最后告别的部门。它是饭店销售产品、组织接待服务、调度业务经营和为客人提供接待服务的一个综合性服务部门。前厅包括门卫、迎送岗、行李运送、电话总机、大堂副理和酒店的枢纽——总服务台。前厅服务贯穿于客人在饭店内活动的全过程，是整个饭店的中枢与灵魂。因此，前厅是酒店服务的重中之重，那么如何做好酒店前厅服务工作呢？首先就是要了解旅游者在前厅有哪些心理需求，这也是前厅服务必须研究的问题之一。

（一）旅游者对前厅服务的一般心理需求

旅游者进入前厅到办好入住手续、进入客房，虽然所用时间短暂，但给旅游者留下的印象却是很深的。旅游者对前厅服务的一般心理需求主要有以下几个方面：

1. 求尊重心理

客人对前厅服务的心理需求首先是尊重。尊重需要是人类的较高级的需要。旅游者一进入酒店，总希望自己是受欢迎受尊重的人，希望见到服务人员热情的笑脸，礼貌的问候。著名的希尔顿饭店集团董事长希尔顿说："如果缺少服务员的友好、微笑，就好比美的花园失去了阳光和春风。"服务人员要笑脸相迎，语言要礼貌友好，要热情，做到既尊重客人的人格、习惯和信仰，又要尊重其表现出的各种行为。

2. 求快速心理

客人经过旅途的一路奔波进入饭店，渴望迅速安顿下来休息一下，既要解除旅游疲劳，同时又要为下一步活动做准备。而在前厅所得到的服务和必须履行的所有手续过程对客人而言并无任何直接价值，因此服务人员要高效率，以免引起客人的厌烦情绪。在前厅服务中，一切都应以旅游者为中心，具体服务过程中不能让旅游者感到手续烦琐。旅游者离店时的心理要求也是同样的，结账手续办理过程要准确、快捷。

3. 求知心理

旅游者来到异国他乡，就是想了解这个地方的风景名胜、民风民俗、文化特色、购物网点、市内交通等各种情况，以满足自己的好奇求知心理。他们还需要了解饭店客房的类别、星级、价格以及饭店提供的其他服务项目。有些信息旅游者希望自己从资料上获取，有些信息则希望能从前厅总台直接获得。所以，前厅往往要备有如上的一些资料供旅游者使用，服务人员也要对这些信息了如指掌，随时准备应答，以满足旅游者的求知心理。这样做还有一个好处就是能冲淡旅游者在前台办理手续过程中等待的无聊感。

4. 求方便心理

旅游者在饭店和旅行中有大量的琐碎及预想不到的事务，都希望能在前厅得到解决，不用自己四处求人。这些事务十分繁杂，如订票、订餐、参加当地短期旅游团、兑换外币、代邮，以及代冲胶卷、印名片、取包裹，甚至换拉链等。有的要求，客人自己也会觉得太"离谱"，但为图方便，也试一试，希望得到意外的满足。

5. 审美的心理

爱美之心，人皆有之。审美需要贯穿于旅游的整个过程，不仅要求景色、景观美，对下榻的饭店也应体现出美。饭店对旅游者产生视觉冲击的第一个部门往往就是前厅。前厅的整体环境装饰是客人了解饭店的开始。

知识链接：

金钥匙服务

金钥匙服务 Concierge——名词，词义为：门房、守门人、钥匙看管人 Les C1efs d´Or［音：lay clay door］，来自法语，系指由为服务行业献身的酒店委托代办金钥匙成员们组成的国际专业组织。

通常，一位酒店客人知道向戴金钥匙标记的 Concierge 咨询以获得到哪间餐厅就餐的建议或完成一些预订，但那仅仅是一个开始…… 一旦对话开始，“金钥匙服务 ”会改变您的生活，它能为您、您的公司，甚至是您的家人提供帮助，不只在本地区，在世界上其他城市您亦可享受到“金钥匙服务 ”为您提供的无微不至的服务。

金钥匙服务的内容涉及面很广：向客人提供市内最新的流行信息、时事信息和举办各种活动的信息，并为客人代购歌剧院和足球赛的入场券，或为域外举行的团体会议作计划。满足客人的各种个性化需求，包括计划安排在国外城市举办的正式晚宴；为一些大公司作旅程安排；照顾好那些外出旅行客人和在国外受训的客人的子女；甚至可以为客人把金鱼送到地球另一边的朋友手中。

让客人从接触酒店开始，一直到离开酒店，自始至终，都感受到一种无微不至的关怀。从这，人们不难想像酒店金钥匙对城市旅游服务体系、酒店本身和旅游者带来的影响。酒店金钥匙对中外商务旅游者而言，他们是酒店内外综合服务的总代理，一个在旅途中可以信赖的人，一个解决麻烦问题的人，一个充满友谊的忠实朋友，一个个性化服务的专家。

酒店金钥匙服务对高星级酒店而言，是管理水平和服务水平一种成熟的标志。他是在酒店具有高水平的设施、设备以及完善的操作流程基础上，更高层次酒店经营管理艺术的体现。

（二）怎样做好前厅服务工作

前厅是旅游者最先接触和最后离开的部门，前厅服务的首因效应和近因效应决定了要做好前厅的服务工作，就是要给旅游者留下良好的第一印象和最后印象。首因效应是指最初接触到的信息所形成的印象对人以后的行为活动的评价的影响，即“第一印象”；近因效应就是在人际交往过程中获得的信息往往起优势作用，换句话来说，最近的信息对认知的影响相对比较大。同时做好前厅服务工作，也是整个饭店服务成功的关键。

1. 注意前厅环境的布置

环境是影响客人的需求和心理，影响饭店形象声誉的重要条件。一般来说，游客刚进入某家饭店时对该饭店的感性认识在很大程度上决定了其对饭店的第一印象，而第一印象形成之后，会在很大程度上影响其对饭店的整体印象。饭店在进行前厅环境的设计时应注意为客人营造一种温暖、松弛、舒适和欢迎的氛围，应尽力使每一位来到饭店的客人都能够倍感温暖，留下深刻的印象。

（1）合理布局

前厅环境应布局合理，主要包括大堂的面积、各功能区的位置及设计要求。大堂经理的位置设在可以看到大门、总服务台和客用电梯厅的地方；礼宾台的位置设在客房区或客用电梯厅与饭店大门连接的地方；行李员服务台设在靠近大门，同时又能看到总服务台和电梯厅的地方；大堂要有行李间，行李间以每间客房 0.05～0.06 m^2 设定，观光型饭店，旅行团行李较集中，行李间应适当加大一些。

休息区能方便客人等候并起到疏导、调节大堂人流的作用，位置最好设在总服务台并能向大堂吧台或其他经营点延伸的地方，以引导客人消费。公共卫生间（包括残疾人卫生间和清洁工具储存室）应设在大堂附近，但门不可直接对着大堂。

知识阅读：

大堂的公共面积（不包括总服务台、商场、商务中心、大堂酒吧和咖啡厅等营业面积）取决于饭店的规模、档次和客源市场定位。国家星级饭店《设施设备评定标准》中提出：按客房间

数推算大堂面积，每间客房平均不少于 0.6、0.8、1.0、1.2m^2 四个档次，并规定最低为 250 m^2，最高 400 m^2 以上不限。一般规模大、档次高和大型会议型的饭店，大堂面积要大一些，但最高限最好不超过每间客房平均 2 m^2。大堂的各项接待、服务功能的分区和所需要的面积要根据饭店的类型、规模和档次定位精确计算后确定。

总服务台是大堂活动的中心，要设在主入口进到大堂一眼就能看到的地方，长度与饭店的类型、规模、客源市场定位有关，一般为 8～12m。大型饭店可达 16m，两端不宜封闭，应留一个活动出入口，便于前台人员随时为客人提供个性化服务。

总服务台后面要有办公室，供前厅部人员办公、财务夜审，存放资料、复印机、传真机和电脑，销售部也最好设在这里，以便接待业务。其面积 50～100 m^2 为宜。贵重物品保管室与总服务台相邻，客人和工作人员分走两个入口。

（2）美化环境

旅游者对饭店的第一印象的形成，首先来源于其对饭店前厅的感性认识，这很大程度上取决于前厅的环境是否能体现出美。因此，在前厅环境设计时，除了前厅布局要简洁合理之外，还要注意前厅的光线、色彩、温度、湿度、通风以及声音等方面的内容，使服务设计的设立和整个环境浑然一体，能够体现出时代特色和地方民族特色。

A. 光线

前厅内要有适宜的光线，要能使客人在良好的光线下活动，员工在适当的光照下工作。前厅内最好通入一定量的自然光线，同时配备层次、类型各不相同的灯光，以保证良好的光照效果。客人从大门外进入大厅，是从光线明亮处进入到光线昏暗处，如果这个转折过快，客人会很不适应，睁不开眼睛，所以，灯光的强弱变化应逐步进行。要使每位客人的眼睛都能逐步适应光线明暗的变化，可采用不同种类、不同亮度、不同层次、不同照明方式的灯光，配合自然光线达到上述要求。

B. 色彩

前厅环境的好坏，还受到前厅内色彩的影响。前厅内客人主要活动区域的地面、墙面、吊灯等，应以暖色调为主，以烘托出豪华热烈的气氛。而前厅的服务环境及客人休息的沙发附近，色彩就应略冷些，使人能有一种宁静、平和的心境，适应服务员工作和客人休息对环境的要求，创造出前厅特有的安静、轻松的气氛。

C. 温度、湿度与通风

前厅要有适当的温度，一般是22℃～24℃，再配合适当的湿度（40%～60%），整个环境就比较适宜了。

前厅内人员集中，密度大，人员来往活动频繁，耗氧量大，如通风不畅，会使人觉得气闷，有一种压抑感，应使用性能良好的通风设备及空气清新剂等，改善大厅内的空气质量，使之适合人体的要求。

D. 声音

前厅声源多、音量大，如噪音过于集中，就会超过人体感觉舒适的限度，使人烦躁不安，容易出错，易于激动和争吵，降低效率。因而在建造前厅时，应考虑使用隔音板等材料，降低噪音。饭店应尽可能放轻松动听的背景音乐，以减少噪音对客人的危害。

（3）设置醒目的标志牌

前厅是为旅游者提供多种服务项目的场所。醒目的标志牌使各服务部门和服务项目让旅游者一进入大厅就一目了然，以适应和满足旅游者求方便、快捷的心理。标志牌设置应与整体布局构成和谐的统一美。

2. 注重服务人员的言行仪表

前厅服务人员的言行仪表要与环境美协调起来，它既是人的精神面貌的外在表现，又是游客形成对服务人员良好的视觉印象的首要条件。服务人员的言行仪表美包括形体美、服饰美、举止美、语言美和化妆美。

（1）形体容貌

体形和容貌具有一定的审美价值，而且能够在一定程度上反映个体的心理特点，对他人来说会产生一定的影响。由于第一印象的重要性，饭店对于前厅服务人员的容貌要求相对较高，一般都会选择面容姣好端庄、体形健美挺拔的员工担任前厅接待工作。

（2）着装服饰

前厅服务人员的服饰既是对个体容貌、体形的加工和衬托，也是企业文化的体现。良好的服装与服饰能给人留下美观、舒适、优雅、大方的感觉，形成良好的视觉形象。对于前厅部的服务人员的服饰穿着要求既富有特色，又美观实用；既要与整体的大堂环境相适应，也应与其特定的职业岗位相符合；既要使游客产生美感，也应使其能够联想到饭店的有形产品以及无形产品的优质质量等，从而增强对饭店的信任度。

（3）行为举止

前厅服务人员的行为举止也应大方得体、热情庄重，服务人员的行为风度能够在一定程度上反映出服务人员的性格和心灵，这也是游客在评价饭店服务人员的服务水平、服务态度的一个重要的参考因素。

（4）语言声音

前厅服务人员的语言在内容上应简洁、准确、充实，在语气上应诚恳有礼，在语音语调上应清晰悦耳。另外要尽可能地多掌握几种外语与方言。在接待中应禁“四语”——蔑视语、烦躁语、斗气语和否定语，要有“五声”——欢迎声、问候声、致谢声、道歉声和告别声。

此外，前厅服务人员工作交谈时，声音应尽量轻些，有时甚至可以使用一些体态语言，代替说话进行沟通（如用手势招呼远处的同事）。要尽量提高工作效率，使客人在高峰时间避免长久滞留于大厅，破坏安静的气氛。

（5）化妆打扮

前厅服务人员适当的外貌修饰会使人自觉容光焕发、充满活力，显得朴素雅致，是一种礼貌行为；相反浓妆艳抹或穿金戴银、珠光宝气非但显示不了华贵娇艳，反而会使客人认为是在炫耀，产生反感。

前厅服务人员的修饰打扮必须适合自己的身份。头发要“男不过耳，女不过肩”，要洗头、吹风、头型大方，保证无胡须，不留长指甲、不使用有颜色油及浓味香水等，以适应和满足旅游者的审美需要。

3. 培养系列化服务技能

前厅的服务项目繁多，除了要求服务人员的言行仪表优美之外，还必须掌握娴熟的服务技能，才能给旅游者留下良好的第一印象和最后印象。服务人员的操作技能娴熟与否，从一个侧面反映出其业务素质的高低和服务质量的优劣。娴熟的服务技能，是提高服务水平、保证服务质量的技术前提。如行李运送不仅要及时、快速，而且要轻拿轻放，或者采取保护性措施避免碰撞；总台服务员要有娴熟的饭店信息管理系统操作技能，快速地提供验证、住房分配与登记、财务计算、解答和征询等各种服务。只有培养娴熟的系列化服务技能，才能满足旅游者在前厅求方便、求快捷的心理需求，解除旅游者等待的焦虑感，从而给其留下美好的印象。

4. 提供周到细微的优质服务

周到的服务不仅要求服务人员具备娴熟的服务技能，能够营造和谐的气氛，而且还要善于察言观色，即能够从旅客的神情、神态中了解其需要，满足旅客的心理要求。同时前厅服务员要有"到我为止"的服务精神，这样即使最终的回答不够理想，游客也认为自己得到了尊重和关心，充分体现前厅服务的主动周到。另外，饭店大堂副理通常在大厅里协调各方面的关系，处理旅客投诉事件。这一有效措施体现了饭店对旅客的尊重和关心，无形中提升了饭店的形象。

前厅服务不但要做到主动服务、热情服务、周到服务，更需要的是个性化服务和细节服务。例如，对于一些字体小，行间间隔太近的文件要求传真时，一定要注意提醒客人，可以采取放大复印再传出去的办法来避免传真件模糊不清。前厅服务人员记住客人的姓名同样是一种服务的艺术，能给客人宾至如归的感觉。只有注重细节管理，把工作中的每一件小事做细，从细节做起，做对细节，做好细节，才能为宾客提供一流的服务。

趣味阅读：

LOVE 式服务，像对待"爱人"一样对待客人

饭店服务业最早的做法是视顾客为上帝的"佣人式服务"。而个别饭店管理者大胆探索"LOVE 式服务"，视顾客为"爱人"，"和客人谈恋爱"，让顾客享受到超值的量身定制服务，在大大提升自身品牌的同时，也引起业界的关注。

当新娘打开饭店为其准备的婚房房门时，眼前的景象让她张大了嘴巴：墙上红彤彤的"喜"字，成串的中国结，桌上自己喜欢的鲜花水果，床上和浴缸内用玫瑰花瓣组成的心形图案……一片温馨浪漫。

为企业客户营造带有该企业文化的行政套房，感受回到"家"的惊喜感受。当企业贵宾进入房间，看到的是正合自己口味的书籍杂志、最爱吃的食物、特备的饮品、用玫瑰花瓣黏贴成的企业标志，甚至是他的全家福……

二、客房服务心理

客房是饭店的主体部分，也是客人在饭店生活的主要场所。在现代
旅游者心目中，客房不仅是满足消除肌体疲劳需要的栖息之地，而且也是接待亲友、从事公务商务活动、兴趣型小型集会等事务的方便场所。客房的服务范围广泛，如整理床上卧具，清扫客房、浴室、传递口信留言、提供叫早服务、衣物洗熨服务等。客房服务人员除了要确保房屋处于常新、卫生清洁、舒适的状态，还要了解客人在客房生活期间的活动规律的心理特点，采取预见性、针对性的生动和有效的服务，尽可能满足宾客心理和生理需求，从而提高饭店的声誉。那么，旅游者在客房主要有哪些心理需求呢？

（一）旅游者对客房服务的主要心理需求

1. 整洁卫生

客人来到客房最先关注的是房间的卫生状况。因为客房内的用品千人使、万人用，所以，每位客人对客房的用品都十分敏感，他们要求客房的各种设备、用具必须是清洁卫生的，特别是多次性消耗品，如茶杯和对直接与身体接触的用具，如浴缸、面盆、马桶、软片等特别敏感。他们希望能严格消毒，保证干净卫生，以使整个旅途都身心愉快、身体健康。有调查表明，大多数的客人把客房的清洁卫生列为选择饭店的首要条件。

2. 安全保障

住进客房的客人十分重视他们的财产及人身安全保障，希望客房是个安全场所，不要受到干扰，不希望自己在饭店的一些隐私被泄露出去。因此饭店应有完善的防火、防盗、保密等安全设施和保安措施。客人入住时，服务员应适时地介绍安全通道、电器、门锁等的正确使用方法，尽量减少任何可能导致不安全的因素。客人还希望在出现意外或危险情况时，服务员能及时采取得力措施，保障他们的安全。在进入客房时，服务员必须遵守敲门、通报，得到客人允许方可入内的规范要求，这样才能使客人感到放心和安全，从而产生一种安全感。

3. 安静舒适

旅游者外出旅游，来到一个陌生的地方，环境气候、生活习惯的改变令他们有生疏感和不适感，他们都希望饭店的客房能让他们感到舒适、惬意，从而产生“家外之家”的轻松感。

旅游者的主要休息时间都是在客房度过的，他们希望室内环境优雅美观，装饰布置典雅舒适，用具和设备齐全，功能完好，灯光柔和。

4. 方便全面

由于旅游者出门在外，对旅游地的情况不熟悉，他们常常会在生活、工作上遇到许多需要解决的问题，因此他们希望客房服务能够为他们提供方便。客房服务要尽可能考虑到旅游者的需要，提供多项服务内容，包括洗衣、缝补、代购车票、熬中药、送餐服务、托幼服务等，使旅客只要打电话，就可以立即得到相应的服务。

5. 受到尊重

旅游者住进客房，希望自己是受客房服务员欢迎的人，希望见到服务人员热情的笑容，希望自己受到尊重。他们还希望服务人员能尊重自己对房间的使用权，尊重来访的朋友和客人，尊重自己的宗教信仰和风俗习惯。当然，他们还特别希望服务人员能够自我尊重，有良好的职业形象。例如，本章开头的"引例"，戴副总看到的客房内的所有具有人性化服务的提示牌都体现出饭店对客人的尊重，字里行间处处浸透着饭店待客的诚意。

（二）怎样做好客房服务工作

1. 优秀的服务质量

根据旅游者的服务心理，客房服务应加强管理，落实环境卫生和安全工作，为旅游者提供优秀的服务质量。

（1）切实搞好客房的清洁卫生。

要强化员工的卫生质量意识，不断提高对星级饭店卫生标准的认识，与国际卫生标准接轨，制定清洁卫生质量控制标准，本着"方便客人、方便操作、方便管理"的原则，规范客房清洁程序。还要严格领班、经理、质检员、房务总监逐级卫生检查制度，设置"宾客意见表"，脚踏实地地搞好客房的清洁卫生工作。

（2）切实搞好客房的环境秩序。

客房服务人员动作要轻稳，保持肃静。客房是客人休息或办公的场所，保持安静也是优质服务的基本要求，服务人员在准备用品，打扫卫生时要做到三轻：走路轻、动作轻、说话轻。

服务过程中，不得大声喧哗、吵闹、唱歌。随时保持客房、楼道的安静气氛，以体现客房服务的文明程度，养成良好的职业习惯。

2. 良好的服务态度

(1)主动热情

主动服务就是服务于客人开口之前，是客房服务员服务意识强烈的集中表现。其具体要求:主动迎送，帮提行李;主动与客人打招呼，语言亲切;主动为客人引路开门;主动叫电梯，迎送客人;主动为新到的客人带路到娱乐区域;主动照顾老弱病残客人;主动征求客人和陪同人员的意见。

热情服务就是在客房服务过程中态度诚恳、热情大方、面带微笑;在仪容仪表上要着装整洁、精神饱满、仪表端庄;在语言上要清楚、准确,语调亲切、柔和;在行为举止上要恰当运用形体语言，乐于助人、帮助客人排忧解难。

(2)微笑服务

微笑是一种世界性的语言，它对于客人、饭店都是非常重要的。服务的整个过程都应是微笑的过程，一流的微笑应是自然的、发自内心的、诚挚的，而不是普通的、呆板的,为了微笑而进行的微笑。与客人相处一定要坚持3米之内用微笑、1米之内用敬语，让客人感到酒店的每一位员工都是“微笑天使”。但是仅仅有微笑是不够用的，微笑服务，美在仪表仪态，贵在热情真诚，重在技术专业，巧在交流沟通。也就是说，微笑服务要与自身的仪表仪态相统一，同时要对客人有发自内心的热情，辅以柔和、友好、热情、亲切的目光，并在服务中及时与客人沟通，才能笑得自然、笑得自信,客人看起来才显得亲切礼貌。

(3)文明礼貌

客房服务要有礼节、有修养，尊重客人心理。既不妄自菲薄，见利忘义，在客人面前低三下四，丧失人格和国格,又不夜郎自大，盛气凌人。反对店大欺客，以貌取人的思想和行为，要继承和发扬中华民族热情好客的一贯美德。另外，客房服务人员要通晓各国礼仪风俗，把注重礼仪作为服务工作的习惯。

(4)耐心细致

客房服务人员接待的宾客形形色色，工作节奏松紧不太有规律，这就要求服务人员要有耐心。耐心就是不烦不厌，根据各种类型的客人的具体要求提供优质服务。工作繁忙时不急躁，对爱挑剔的客人不厌烦，对老弱病残客人的照顾细致周到，客人有意见时耐心听取，客人表扬时不骄傲不自满。

3. 娴熟的服务技能

客房服务在为客人提供优质服务的同时，服务人员还要具备娴熟的服务技能。

【案例】:日本东京大仓饭店，两位美国客人晚上回来，却发现房间清洁不好、物品不齐，便告之总台。不到两分钟值班人员赶来，先鞠躬，接着连声不迭地说“对不起”。“这么晚了，还给两位增添那么多的麻烦，敬请原谅，我马上请人给两位先生的房间重新清扫整理，并配齐所有物品……”说到这儿他停顿一下，看看客人有什么反应。看到客人没有表态又继续说：“或者立即另外安排一个房间，不知二位意下如何?”美国客人接受了第二种补偿措施。值班员又深深地鞠了一躬，感谢客人的谅解。他很快重开了一个客房，亲自帮客人提行李，送进房间。整个过程不到5分钟。

上述案例说明，服务人员通过自己娴熟的操作技能和果断解决问题方法的有机结合，全面提升了客房的服务质量，最终赢得了客人的满意。

4. 超值的延伸服务

有些旅游者见多识广，对客房的一般功能性服务的提供往往不屑一顾，反应不敏感。他们认为这些都是饭店客房理所当然应该提供的最基本的服务。但是，他们对服务人员提供的超长服务及延伸服务却十分赞赏，这些才能让他们真正地感受到“宾至如归”。因为超长服务、延伸服务是给旅游者在核心服务（如清洁、宁静、安全的客房）和支持核心服务的促进性服务的基础上提供的一种额外超值服务。它超出了客房一般功能性服务的范畴，增加了核心服务的价值，使酒店服务的产品与同类饭店相比独具特色，能给旅游者带来超值的心理享受。

例如，南京玄武饭店客房服务员把马来西亚吕先生扔进垃圾桶里的一件有锈斑的名牌衬衫，再现品牌风采，并邮寄到吕先生家中，使吕先生喜出望外、十分感动。南京金陵饭店为客人提供免费擦鞋服务，是其开展超值服务的内容，也正是通过这些细致入微而又倾注金陵员工真挚情感的服务，赢得了来自世界各地客人的赞赏。

这些细致服务虽然看似小事，却在细微之处见真情，体现了“服务至上，宾客第一”的原则，使客房服务的范围不断扩大，从满足旅游者的基本需求发展到满足旅游者的多种需求，给旅游者带来了意外的惊喜和充分的心理满足，也为饭店提高了美誉度。

趣味阅读：

体验时代：从“满意”到“满溢”

“LOVE式服务”就是倡导在日常的经营与服务中，视客人为爱人，用真心去付出，像对待约会一样对待每一次服务，努力在每一次“约会”中都给客人制造惊喜和感动。是一种更为亲情化、个性化、人性化的绅士淑女型的优雅服务。

身为从事酒店管理多年的酒店职业经理人，可能我们都意识到——在酒店服务同质化的市场趋势下，只有在创新理念的基础上着力追求服务产品的差异化、高端化，才能提升品牌竞争力。对于酒店业来说，竞争越来越激烈，消费者已不仅局限于生理上的满足，更希望得到独一无二、与众不同的精神上的享受。佣人化服务和亲情化服务都已跟不上个性时代发展的需求，只有顺应体验经济时代的潮流，在服务中为客人创造意料之外的独特体验，让客人的消费成为一次难以 忘怀的体验经历，才能赢得客人的高度认可。

于是“LOVE 式服务”的新理念被尝试性地提出并实行。“LOVE 式服务”的理念不再满足于让服务达到客人生理感受和心理感受的预期值，而是追求一种更高层次的服务效果，即力求通过精心的服务设计，高素质服务人员的用心和真情服务，以及提供富有内涵的环境或耐人寻味的活动，让服务超出客人的期望值，“实现生理感受和心理感受上从‘双满意’到‘双满溢’的超越，从而为客人留下深刻难忘的记忆。”

三、餐厅服务心理

餐饮服务是整个饭店产品不可少的组成部分，同时也是饭店增加收入的主要渠道之一。一般接待旅游者的酒店都设有餐厅，以满足旅游者进餐的方便。随着现代社会经济的发展，不少不在饭店住宿的宾客光临餐厅，同样，旅游者也可不在下榻酒店的餐厅而到其他地方就餐。怎样才能吸引旅游者非常高兴地走进酒店餐厅，使非住宿的散客慕名而来，又使他们高兴而归，甚至带着留恋的心情离去？这当然涉及多方面的综合原因，但餐厅服务心理是其核心问题。

（一）旅游者对餐厅服务的主要心理需求

1. 清洁卫生

旅游者都非常注意餐具和饮食环境的卫生。卫生是旅游者的基本生理需求，餐厅要重视卫生，确保客人不受病害的威胁和感染。旅游者对餐厅卫生的要求体现在环境、餐具、食品、服务人员等几个方面。

（1）环境卫生

良好的就餐环境能给旅游者带来安全、愉悦、舒适的感觉。做到就餐环境清洁卫生，就要使空气清新，天花板和墙壁等无灰尘，地面清洁无污垢杂物等，窗明几亮，桌椅整齐干净，台布、桌布清净无瑕，厅内无蚊蝇等害虫。只有这样旅游者才能放心就餐，否则就会离开，选择其他就餐场所。

（2）餐具卫生

大部分餐具都是客人公共使用的，有时难免染上某些病毒和细菌，所以餐具卫生就显得非常重要。因此，餐饮用具使用前必须洗净、消毒，符合国家有关卫生标准。未经消毒的餐具不得使用。禁止重复使用一次性的餐饮用具。洗刷餐具必须有专用水池，不得与清洗蔬菜、肉类等其他水池混用。洗涤、消毒餐具所使用的洗涤剂、消毒剂必须符合食品专用洗涤剂、消毒剂的卫生标准和要求。餐具清洗必须做到一洗、二刷、三冲、四消毒、五保洁。

(3)食品卫生

俗话说“病从口入”，旅游者对于饮食卫生的要求是最重视的。餐厅提供新鲜、卫生的食品是防止病从口入的重要环节。因此，不论餐厅的档次规模，就餐的客人都有一个共同的心愿，那就是能吃到新鲜卫生的食品。为此，餐厅的食品要保证原料新鲜、厨房整洁、厨具卫生，特别是凉拌菜要用专用消毒处理工具制作，防止生、熟、荤、素直接地交叉污染。严格检查食品、饮料的保质期限，杜绝供应过期食品。

(4)操作规范

每位餐厅员工都要严格遵守餐饮部制定的卫生工作条例，戴健康证上岗。在客人眼里，服务人员的整洁卫生是餐厅卫生形象的一个重要标志。服务员应特别注意个人卫生习惯、服务干净整洁，不留长指甲，不能有挖鼻、掏耳、手擦眼泪等不良习惯。在餐台布置、餐桌准备、餐中服务(上菜、配菜、斟酒)等方面，都应该严格按照卫生操作规范提供服务。例如上菜时，服务员切忌手指碰到食物，讲话时不要口对食品等。

2. 尊重

在餐厅服务中，要注意满足旅游者的尊重需要。由于在餐厅就餐处于公共场合，有其他人在场，这种需要表现得更加强烈。俗话说:“宁喝顺心汤，不吃受气饭。”如果旅游者在餐厅未得到尊重，再好的美味佳肴也会食之无味。为了满足旅游者在餐厅求尊重的心理，服务人员可采用如下策略:

(1)微笑迎送

到餐厅就餐的旅游者首先感到的是服务人员的热情接待。微笑是内心喜悦的情绪语言，是笑容可掬的神态，虽不出声音但充满热情、亲切与和蔼。微笑表示诚挚、友情和尊重的内心体验。微笑是餐饮服务员的职业本能和职业习惯。迎接客人，微笑是欢迎语;客人离去，微笑是告别辞。因此，微笑迎送旅游者能使旅游者得到尊重的心理需求。

(2)领座恰当

旅游者到餐厅就餐，服务人员要主动上前引领入座，而不能让旅游者自己找座位，以免旅游者产生被冷落感。在领座过程中，要征询旅游者的意见，由旅游者决定坐什么位置。

(3)尊重习俗

服务人员除应注意服务技巧外，还应尊重旅游者的风俗习惯和生活习惯。这就要求服务人员首先要弄清旅游者的宗教信仰和民族，并且熟悉宗教信仰和民族习俗有关的知识，如信仰佛教的人吃素，信仰伊斯兰教的人不吃猪肉，信仰印度教的人不吃牛肉等;还要主动了解旅游者的品味习惯，并在点菜单上注明，提醒厨师在用料上迎合他们的品味要求，不要触犯旅游者的宗教禁忌。

(4)“请”字不离口

在餐厅服务中应多用“请”字，这样往往使旅游者得到了尊重的满足。如旅游者临门，服务员主动招呼“请进，欢迎光临”；进门后，引领旅游者到位后说“请坐”、“请点菜”；上茶时说“请用茶”；当菜肴上桌时说“这是某某菜，请用餐”；当旅游者需要调料时，服务人员应立即取来并说“请您适量添加”等。只要服务人员做到“请”字不离口，旅游者就餐就会得到多一份尊重，餐厅服务也会赢得美好的声誉。

3. 求美

对旅游者而言，在餐厅用餐，不仅要好吃而且要好看，不仅能一饱口福而且要大饱眼福，这是旅游者最重要的心理需求之一。实际上，旅游者在餐厅的用餐过程就是一项综合性的审美活动。旅游者会要求食物酒水合口味，而且色香味形器俱佳；要求餐厅外观形象美且内部环境美，要求服务人员仪表美且内心美。

4. 快速

旅游者到餐厅坐定点菜后，一般都希望餐厅服务人员能快速上菜。这除了旅游者赶时间这一原因之外，主要是旅游者对等待上菜的时间知觉造成的，对期待的菜肴出现之前的时间在旅游者的心理上产生放大现象，他们会感觉时间过得特别慢。

5. 公平

旅游者外出旅游，来到陌生的环境就餐，比较敏感的就是接待的差异和菜肴的价格，因此公平合理也是旅游者对餐厅服务的基本要求。只有当旅游者认为在接待和价格上是公平合理的，才会产生心理上的平衡，否则会感到受歧视或被欺骗。根据亚当·斯密的公平理论，大众的公平感是通过比较而产生的，具有相对性。旅游者在就餐过程中的比较，既包括同一餐厅的不同旅游者之间，也包括不同餐厅之间。同类型或同等档次的餐厅在价格上、数量上以及接待上的不同都会引起旅游者的比较。不要因为旅游者外表、身份地位、消费金额的不同而不同对待，餐厅在指定价格、接待规模上都要注意尽量客观，做到质价相符，公平合理。

6. 求知求新

旅游者在餐厅就餐也是了解和体验异域饮食文化的过程。旅游者在品尝菜肴时还想了解菜名的寓意、来历、典故、营养、用料和烹饪方法等，甚至对于色香形味器俱佳的拼盘和名菜还会拍照、录像，这都是旅游者求知心理的表现。旅游者特别是境外旅游者到了餐厅，都热衷于品尝当地有名的特色风味，如北京的“烤鸭”、广东的粤菜、山东的孔府菜等，有的旅游者则喜欢品尝餐厅新推出的特色菜。

(二)怎样做好餐厅服务工作

1. 树立餐厅的形象美

餐厅形象是直接关系到旅游者对餐厅的印象，也直接影响到餐厅的经济和社会效益。因此，餐厅应十分重视环境的美化，为旅游者创造一个优美舒适的就餐环境。

(1)优美的视觉环境

视觉形象通常是最易形成感知的，因此餐厅形象美主要表现在它的外观形象美与内部环境美两方面。

①餐厅的外观形象

建筑外观的美。造型优美、选材讲究、色调和谐、风格迥异的建筑外观，对就餐客人的心理活动能产生积极的影响。它容易引起客人的注意，产生各种丰富的联想和美的心理感受，留下深刻的印象，如杭州蓝宝酒店外墙的大龙虾。

餐厅名称的美。餐厅的名称是告诉客人餐厅的风格、服务的项目和经营特色的标志。如“竹林小餐”，颇有闹中取静的雅趣；“山外山”、“楼外楼”，闻店名而生雅兴，使人不由想起“山外青山楼外楼”的诗句；香格里拉的“香宫”，潇洒而又飘逸，让人浮想联翩。又如经营宫廷菜的“仿膳饭庄”，经营清真菜的“清雅斋”，经营粤菜的“玉堂春暖”等，都言简意赅，而且准确地抓住了餐厅的特点，令人过目难忘。

②餐厅的内部环境

餐厅是为就餐客人服务的直接现场，和谐统一、美观雅致的内部环境会使客人心情愉快、赏心悦目。餐饮经营者在布置餐厅环境时，必须考虑环境对就餐客人心理活动和就餐行为的影响。

餐厅应布置得整齐和谐、井然有序、清洁明亮、图案淡雅、摆设新颖、挂幅别致。

餐厅布置要坚持个性化与适应性相结合，民族化与现代化相结合，典雅化与气氛化相结

合的原则。个性化是指餐厅的设计要突出本身的特点，在外观上直接反映出经营特色，以引起客人的注意。适应性是指餐厅不能过分追求新、洋、豪华的格局，既要反映风格特点，又要使客人感到可以接受，以吸引和留住更多的客人，而不是可望而不可及。民族化是指要体现民族特点和风格，体现民族的爱好和风俗习惯。典雅化是指餐厅的陈设和布局一定要从整体出发，不能错落零乱，力求古朴大方，雅观别致。

餐厅布置应考虑到照明对不同客人的心理影响，如中国客人喜欢灯火辉煌，因为中国人就餐需要气氛热烈，且大家吃同样的菜肴，所以，中餐厅的灯光应明亮一些。而西方客人喜爱柔和的灯光，因为他们认为就餐纯属私人行为，且各自点吃自己的食品，因此，西餐厅的灯光应柔和，并采用可调节开关，以便营造温馨的气氛。

餐厅布置应考虑到色彩对客人用餐心理的影响。一般以红、黄为佳，蓝色为差。因为黄色可刺激人的食欲，也可使菜肴看起来非常新鲜，而蓝色则会使菜肴黯然失色。

餐厅装饰物要与整个餐厅的氛围相协调。餐厅的四壁、地面、天花板、艺术陈设品进行装饰和摆设时，应把整洁、舒展、艺术、典雅诸多因素综合起来加以考虑，壁画、地毯、挂毯、挂幅要和经营特色协调一致。餐厅的字幅、挂图宜多体现中华民族悠久的文化传统。同时，餐厅的外语挂幅、招贴、菜单、艺术品陈设也要充分考虑到各国客人的禁忌，所用词语要准确达意，以减少不必要的误解。

（2）愉快的听觉环境

餐厅中播放优美动听的音乐不仅对旅游者的心理有调节的作用，而且可以增加他们的食欲；相反，餐厅里的噪音则会给旅游者的生理和心理造成不良的影响，而且降低食欲。在公共餐厅，如果就餐人数多，极易产生噪音，餐厅要尽量减少噪音的影响，可适当加大餐桌之间的距离。营造愉快的听觉环境，还在于宴乐的配置。宴乐的安排应根据不同宴会形式而有所区别。如大型宴会，整个气氛要求庄重而热烈，入席时宜播放《欢迎曲》、《迎宾曲》，以活跃气氛；上菜时，再用《进行曲》相伴，能给人以轻快流动之美。

（3）良好的嗅觉环境

在餐厅中，由于菜肴较多，会散发出各种气味，加之各种酒味、烟草味，多种气味混合在一起，给人的感觉是很不愉快的。所以，餐厅要注意通风，保持空气清新，同时也要注意不能让厨房的油烟及其他气味散发到餐厅中来。

2. 注意食品的形象美

我国饮食文化源远流长，菜肴素以色、香、味、器俱佳而闻名于世，给人以视觉、味觉、嗅觉上美的享受。因此，在我国酒店餐厅创造中国饮食产品的形象美是轻而易举的，而且酒店还可以作为旅游资源加以开发，增加餐厅对旅游者的吸引力。

现代旅游者到餐厅就餐，不但注重食物的内在质量，也越来越注重食品的外在形式。因此餐厅提供的食品，要从以下几个方面着手。

(1)色

色是菜肴上桌时，最先映入旅游者眼帘的。食物的色泽与其内在的品质有着固定的联系，菜肴的美好色泽，具有很强的味道表现力。味美的颜色可以增进旅游者的食欲，品味不好的颜色常使人望而生厌。一般来说，味美的颜色有“黄”、“红”、“绿”、“茶色”等。黄色，多给人淡香的感觉，如蛋糕、面包、菠萝等；红色，多具有浓香和鲜美的感觉，如西红柿、烤肉等；绿色，代表新鲜、清爽的味道；茶色易使人联想到咖啡、巧克力等。当然，由于旅游者的种族与文化背景的差异，在颜色的偏好上也存在一定的差别，这就要求餐厅服务人员要了解旅游者的特殊要求，做出相应的调整，满足不同旅游者的需要。

(2)香

在获得了视觉美的良好感受之后，再通过食品散发的香气激发嗅觉，就餐者的食欲就会被进一步诱发。菜肴的香气调动了就餐者的审美冲动，成为正式品尝菜肴的重要心理前奏。古人所谓“闻香下马，知味停车”，其深意即在于此。

(3)味

菜肴的味道让客人达到至高的审美境界。人们常说“美味佳肴”，没有美味，何来佳肴?因此，一道菜的成败关键就在于它的味道。同时味道的好坏，也是旅游者判断菜肴的第一标准，而品味也常常是旅游者就餐的主要动机。所以，餐厅要根据旅游者的饮食习惯和求新求异的饮食特点，制作味道各异的菜肴，使旅游者在品味体验上得到美的享受。

(4)形

食品不但色、香、味能给就餐者带来美的享受，而且还是艺术作品。一道精美的菜肴，体现了烹饪大师的切、雕、摆、制、烹等技艺，给就餐者带来了艺术上的享受。如鸳鸯戏水、二龙戏珠等菜点，造型雅致，妙趣横生，使就餐者看见为之惊喜，品尝为之喜悦，百吃不厌。

3. 注意服务人员的形象美

服务员出现在客人面前应该是完美的。服务员的服务表现应该是外部形象仪表美与内在气质心灵美的和谐统一。因此，服务员在体态容貌上应端庄自然，穿着服饰上应美观大方，行为风度上应稳重文雅。

由于饮食直接关系到身体健康，客人对餐厅的评价不只是从美学眼光加以审视，而且还从饮食卫生角度加以评价。因此餐厅服务人员出现在客人面前的形象，不仅是姿容美，而且还应该是整洁的美。这样，才能以一个比较完美的服务形象感染、吸引各类饭店客人在餐厅发生消费行为，并使之产生良好的心理感受。

餐厅服务员的形象美，可以从如下三个方面入手：

(1)身体健康，容貌端庄，精神饱满，发式规范整洁，注意手部的卫生与美观。

(2)服饰清爽、美观、素雅、洁净，给人以淡雅明快之感。

(3)服务操作规范得体，热情有礼，姿态优美，善于观察，讲究技巧。

【案例】： **小小咸菜体现餐饮高质量服务**

某晚，餐厅包间内有一席普通的家宴正在进行，在祥和的用餐气氛中，服务员小李看到老先生不停地用小勺翻搅着碗中的稀饭，对着鸡鸭鱼肉直摇头。这是怎么回事呢？是我们饭菜做得不合口味？不对呀，其他人正吃得津津有味嘛！小李灵机一动，到后厨为老先生端上了一碟小菜——榨菜丝。当小李将榨菜丝端上桌后，老先生眼前一亮，对着小李不停地称赞："小姑娘，你可真细心，能够看出我对咸菜感兴趣，不简单。"老先生的老伴连忙说："这儿的服务跟其他地方就是不一样，我们没说到的小姑娘们都能想到、做到，以后有时间我们要经常到这里来。"

（资料来源：西部餐饮网，http://www.xbcyw.com/art/show.asp? id=42）

在这个案例中，小李为客人提供了满意周到的服务，给客人无微不至的关怀，她的主动、细心使客人真正成为了"上帝"，因此餐厅服务员需要时时注意客人的用餐情况，把事情做到客人开口之前，为客人提供"满意"加"惊喜"的服务，是餐厅持续改进服务质量的根本。

思考练习题：

一、填空题

1. 游客在饭店的心理需求包括方便、(　　　　)、(　　　　)、(　　　　)和公平的需要。

2. 旅游者对酒店的第一印象的形成，首先来源于其对酒店(　　　　)的感性认识，这很大程度上取决于其环境是否能体现出(　　　　)。

3. 前厅布局要简洁合理之外，还要注意前厅的(　　　　)、色彩、(　　　　)、(　　　　)、通风以及声音等方面的内容，使服务设施的设立和整个环境浑然一体，能够体现出时代特色和地方民族特色。

4. 前厅服务人员的言行仪表要与(　　　　)协调起来，它既是人的(　　　　)的外在表现，又是游客形成对服务人员良好的视觉印象的首要条件。

5. 前厅服务人员的言行仪表美包括(　　　　)、服饰美、(　　　　)、(　　　　)和化妆美。

6. 客房服务中良好的服务态度包括(　　　　)、(　　　　)、(　　　　)和耐心细致。

7. 旅游者对餐厅服务的清洁卫生心理需求包括环境卫生、(　　　　)、(　　　　)和服务人员应按卫生操作规范提供服务。

8. 在餐厅服务中，要注意满足旅游者的尊重需要。服务人员可采用(　　　　)、(　　　　)、(　　　　)和“请”字不离口策略。

9. 现代旅游者到餐厅就餐，不但注重食物的内在质量，也越来越注重食品的外在形式。因此餐厅提供的食品，要从(　　　　)、(　　　　)、(　　　　)和(　　　　)几个方面着手。

二、判断题

1. 前厅包括门卫、迎送岗、行李运送、电话总机、大堂副理和酒店的枢纽——总服务台。(　　　　)

2. 前厅服务人员的言行仪表不必与环境美协调起来。(　　　　)

3. 有些旅游者对客房的一般功能性服务的提供往往不屑一顾，但是，他们对服务人员提供的超长服务及延伸服务却十分赞赏，这些能给旅游者带来超值的心理享受。(　　　　)

4. 旅游者到餐厅坐定点菜后，一般都希望餐厅服务人员能快速上菜。这除了旅游者赶时间这一原因之外，主要是对期待的菜肴出现之前的时间在旅游者的心理上产生放大现象，他们会感觉时间过得特别慢。(　　　　)

5. 客房服务人员动作要轻稳，保持肃静。打扫卫生时要做到三轻：走路轻、动作轻、说话轻。服务过程中，可以大声喧哗、吵闹、唱歌。(　　　　)

6. 前厅服务人员浓妆艳抹或穿金戴银、珠光宝气会使人自觉容光焕发、充满活力是一种礼貌行为。(　　　　)

三、简答题

1. 旅游者对前厅服务的一般心理需求包括哪些?

2. 怎样做好前厅服务工作?

3. 旅游者对客房服务的主要心理需求包括哪些?

4. 怎样做好客房服务工作?

5. 旅游者对餐厅服务的主要心理需求有哪些?

6. 怎样做好餐厅服务工作?

四、思考题

1. 总机通知某房有外线，电话挂不进去，需要客房服务员提醒客人，但房门上挂着“请勿打扰”牌，怎么办？

2. 一位刚抵店的散客向礼宾部反映其行李可能被航空公司送错地点，他已经等待了3个多小时，不知行李被送到何处，显得焦急万分。此时，他求助于行李员，恳请予以协助查找。你作为前厅部的行李员，应该怎样协助？

五、案例分析

【案例1】：两位外籍专家出现在长春某大宾馆的总台前。总台服务员小李是个新手，她查阅了订房登记簿，对客人说：“二位预订的客房是708房间，只住一天就要离店！”客人听后面色陡然一变，很不高兴地说：“接待单位为我们预定客房时曾经问过我们要住几天，我们明明讲要住三天，怎么现在却成了仅住一天呢？”小李仍旧呆板地用毫无变通的语气回答说：“我们并没有错，你们有意见可以直接向接待单位提。”客人听罢更加恼火了，大声讲：“我们要解决住宿问题！我们根本没有兴趣也没有必要去追究预定客房差错的责任问题。”

试分析：小李在接待中有哪些地方做错了，在接待服务中，应如何做好每一项工作。

【案例2】：长春某宾馆，一位30多岁的客人高先生提着旅行包从413号房间匆匆走出，走到楼层中间拐弯服务台前，将房间钥匙放到台上，对值班服务员说：“小姐，这把钥匙交给您，我这就下楼去总台结账。”不料，服务员小林却不冷不热地告诉他：“先生，请您稍等，等查完您的房后再走。”说完便给同伴打电话。高先生顿时显得十分尴尬，心里很不高兴，只得无奈地说：“那就请吧。”这时，另一位服务员小杨从工作间出来，走到高先生面前，将他上下打量一番，又扫视一下那只旅行包，高先生觉得受到侮辱，气得脸色都变了，大声嚷道：“你们太不尊重人了！”小杨也不答理，拿了钥匙，径直往413号房间走去。她打开房间，进去不紧不慢地检查，从冰箱里的食品到盥洗室的毛巾一一清查，还打开电控柜的电视开关看看屏幕。然后，她离房回到服务台前，对陈先生说：“先生，您现在可以离开了。”高先生早就等得不耐烦了，听到了放行的“关照”，更觉恼火，待要发作，又想到要去赶火车，只得作罢。他带着一肚子怨气离开了宾馆。

试分析：在上述案例中，服务员破坏了客人哪些心理需要？在实际工作中应该如何改正？

第八章　旅游投诉心理与策略

学习目标

★ 旅游投诉的含义

★ 旅游者投诉的原因

★ 旅游者投诉的心理表现

★ 旅游投诉者的类型

★ 处理旅游投诉的原则及心理策略

★ 处理旅游投诉的语言艺术

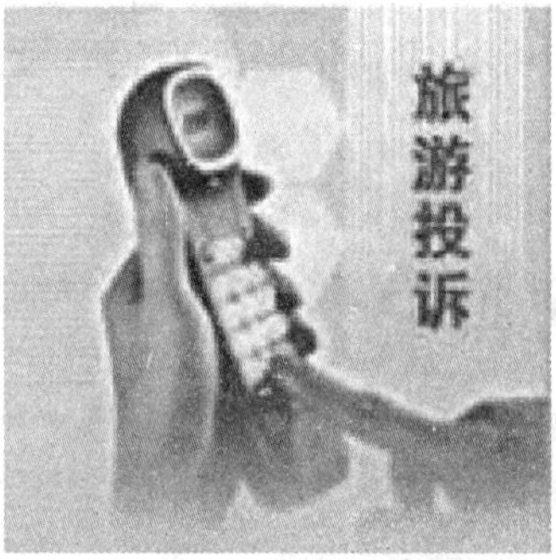

【案例】： 从两张餐券说起

不久前的一个早晨，河南郑州某酒店大堂。突然，餐厅领班小胡身着单薄工装疾步走下旋梯，并冲出大门，一路小跑直奔金水河桥头，只见小胡走到一位带小孩穿风衣的中年男子侧面，面带微笑向客人说了些什么，然后客人从风衣兜里摸出了两张早餐券给了小胡，并对小胡微笑致意。小胡对客人挥挥手，并点头微笑，而后在寒风中跑回酒店。

原来当天早上9点左右，二楼餐厅用餐人数很多。随着电梯到达二楼的声音，梯内走出父子两人，服务员见他们拿行李较多，就一边问候客人，一边帮客人提行李，并安排好座位，少许时间客人便开始用餐。餐饮部领班小胡还不时地过去询问是否还需要用点什么。

一刻钟过后，客人用完了早餐正要起身，小胡微笑着走到客人身边，很委婉地询问客人的餐券，但谁也没有想到，客人大声说："餐券已经交给你们了，还要什么餐券，我还会在乎这几十块钱不成，是不是想收双份账？我在这里住几天了，感觉你们服务还不错，就你们这素质，还……我要投诉你们。"小胡面带微笑地说："先生，真对不起，是我们的失误，麻烦您再回想一下，是忘在了房间，还是在您衣兜里。"客人见小胡道歉又来了劲："有什么了不起，过会儿我找你们经理，你们真是太……餐券给你们了，我去哪里找，自己找去。"于是客人便拿起椅背上的风衣，离开了餐厅，小胡示意不要阻挡客人。

小胡忍着内心的委屈，在最短的时间内了解到客人在405住，且有餐券，半小时前退房，所有服务员均没有接到客人餐券，收银员没有接到客人餐券，收银员也查不到405房间的餐券，种种情况表明，客人的确没有给餐券。身为早餐领班，小胡在一瞬间回想了很多，“客人永远是对的”，但酒店的利益要靠我们共同维护，不能让酒店的利益受到损失，想到这里，她便疾步走向旋梯，于是便有了开头的一幕和下面的一段对话。

“先生，真的对不起，我还是想麻烦您看一下餐券是否在您的风衣口袋里。”

“先生，对不起，的确是我忘了。”

“先生，谢谢您对我们工作的支持，欢迎您再次下榻我们酒店！再见，您走好！”

投诉是旅游活动中时有发生的一种现象。但旅游投诉也是我们从业人员经常面对的一件令人非常棘手的事情，尤其是现场面对投诉者，怎样能够对投诉做出及时、恰当而圆满的处理，需要从业人员对旅游投诉者的心理有所了解并采取相应的策略。本章从分析旅游投诉者的心理需求入手，结合案例分析，探求如何恰当处理旅游投诉的相应策略，以来提高我们的从业水平。

名人名言

诚信是道路，随着开拓者的脚步延伸；
诚信是智慧，随着博学者的求索积累；
诚信是成功，随着奋进者的拼搏临近；
诚信是财富的种子，只要你诚心种下，
就能找到打开金库的钥匙。

第一节　旅游者投诉心理

旅游者投诉，是指旅游者将他们主观上认为由于从业人员工作上的差错而引起的麻烦和烦恼，或者损害了他们的切身利益等情况向有关人士或向有关部门提出反映。因此正确处理好旅游者的投诉，对于从业人员改善服务质量，提高管理水平，增加经济效益是有重要意义的。

【案例】：2001年9月，广东游客朱先生及朋友二人参加了武汉某国内旅行社组织的“长江三峡四日游”的散客旅游。旅行社报价1080元，包括交通、住宿、餐饮、景点第一门票及游览期间景点导游服务等。朱先生要求在奉节和宜昌分别入住夔州宾馆和葛洲坝宾馆，并且由武汉组团社委派导游，负责其二人三峡沿线各旅游景点的全程导游服务。旅行社因此加收了住宿费600元和导游费用300元。然而，在旅游过程中，该社导游李小姐态度冷淡，对沿线许多景点不作讲解，也不说明上、下船时间等注意事项。从奉节返程开始，导游就不见踪影，朱先生在宜昌下船后，自行乘车回武汉。朱先生以旅行社委派的导游服务质量差，中途抛弃客人为由，向旅游局投诉，要求旅行社赔偿其全部旅游费用，维护其合法权益。

讨论：案例中朱先生投诉的原因是什么？他投诉时的心理需求是什么？

面对投诉，许多从业人员都有挫折感，如何处理好投诉，既让旅游者认为合情合理，又不让旅行社及酒店蒙受损失，这就需要从业人员首先要了解旅游投诉者的投诉原因。

一、旅游者投诉的原因

旅游者投诉是有原因的，虽然引起旅游者投诉的原因有多种多样，有服务接待中的主观原因，也有非人为的客观原因。

（一）主观方面的原因

1. 不尊重旅游者

不尊重旅游者是引起旅游投诉的一个重要原因。旅游者外出旅游，无论在乘坐车、船、飞机等交通工具的路上，还是在宾馆饭店食宿过程中，或者是在游览活动中都渴望得到从业人员的尊重。如果我们对旅游者不尊重就会引起旅游者反感，甚至发生言语冲突，从而引起旅游者的投诉。主要表现在以下几点：

（1）从业人员法制观念淡薄

现代社会是个讲究法制和维护人权的社会，而有的从业人员不懂得相关的旅游法律法规，在服务中未经旅游者同意或者只是部分口头协商，擅自增减旅游项目或者主观上随便改变游览行程，不严格按照旅游合同办事；或者因航班等交通工具导致行程延误或变更未及时与旅游者沟通协商等都是导致旅游者投诉的重要原因。

（2）从业人员待旅游者不主动、不热情

有的从业人员态度不热情，不主动称呼接待旅游者，或者简单地以“喂”代替；在工作时间里，与同事聊天，忙私事，接打私人电话等。当有旅游者到来时，他们态度冷淡、爱理不理，甚至旅游者多次招呼时也没有反应，懒懒散散；交给旅游者物品时态度不好，不是双手“递”而是顺手“扔”或“丢”给旅游者。

（3）从业人员不注意语言修养，冲撞旅游者

有的从业人员对旅游者态度生硬，言语冲撞客人。

【案例】:2008 年 10 月 1 日，李某参加某旅行社组织的“杭州三日游”，由于十一旅游旺季，当地游客爆满，导游临时接到通知，无法落实游客最后一天的酒店住宿，故被迫减少一天行程。李某向导游询问原因，导游态度生硬地说:“谁知道会这样，没地方住当然减少行程了，不然让你们住大街啊！真是的，大不了回去退还你一天的食宿费用，哪来那么多原因。”回来后李某向旅行社投诉导游的服务态度差，要求赔偿。

(4)从业人员言行举止不当，引起旅游者不快

有的从业人员语言和行为举止不够文明和礼貌;未经旅游者同意擅自闯入旅游者休息的房间;在旅游者休息时大声喧哗，高声谈笑，接打电话等影响旅游者休息;或者在游览过程中，导游讲些有伤大雅的笑话或与旅游者开过分的不合时宜的玩笑等。

(5) 从业人员不尊重旅游者的信仰和风俗习惯

不同的旅游者有不同的信仰或风俗习惯。作为从业人员应该了解并注意禁忌事项。如信仰佛教的游客诵经时，从业人员不经允许就进去商量行程;信基督教的客人正在房间祈祷时，服务员闯进去搞卫生;在星期五又是 13 号安排西方人出游;安排西方旅游者住宿在 13 楼或者 13 个人进餐等，都是不尊重旅游者风俗习惯的表现。

2. 从业人员服务水平不合格

从业人员服务水平不合格是指从业人员工作时马虎了事、不认真、粗枝大叶等，具体表现在以下四个方面:

(1)从业人员工作不主动、不认真

有的导游到游览点时让旅游者自己观赏，带旅游者游而不导，不作导游讲解，或者干巴巴地背导游词，毫无生趣;甚至有的导游在讲清游览安排后，几乎全程不见踪影;在离开某个游览点时导游不认真清点人数就离开，将旅游者落下;随便取消日程安排的节目，根本不做任何解释和协商。例如本节开篇案例中被投诉的导游员李小姐。

(2)从业人员忘记或搞错旅游者交待办理的事情

如有的游客到某个游览点想去早市购买当地的土特产品，让从业人员第二天打叫早电话，而从业人员失职导致旅游者不能如愿以偿。有的商务旅游者要代订宴席、订退票、发电传等，从业人员忘记办理，误了旅游者的事情造成一定的损失等这都容易使游客反感而投诉。

(3)从业人员人为损坏、遗失旅游者的物品

如旅游者在旅游某地时购买了当地比较名贵的物品在行程中被人为损坏;在所下榻的宾馆的客房里物品被盗;或者有的服务员在运送行李时不小心将旅游者行李遗失;搞卫生时，随便翻动或不小心将旅游者的贵重东西损坏;餐厅服务员上菜时不小心弄脏旅游者的文件、衣物等。

(4)从业人员清洁卫生工作马虎，食品、用具不清洁

旅游者下榻的宾馆或饭店的服务人员仪表不整齐，卫生习惯不好，随地吐痰、丢烟头，边吃东西边工作、吸烟等;有的饭店，旅游者客房环境卫生差，床具、床单等不干净，浴缸内有头发丝，或者有污垢没洗干净，到处脏乱;房间有蚊子、蟑螂、小虫、老鼠等害虫活动。有的饭店

餐具食品不洁，菜品变质，或上席的菜品有虫子、头发等杂物；有些食物未煮熟就端出或油太多溢出，太咸、太甜等；服务员送菜上台时不小心将手插入菜或汤里；餐厅或客房供应的饮料超过保质期等都会引起旅游者投诉。

（二）客观方面的原因

1. 设备不完善、突发损坏

设备不完善也会引起旅游者投诉，如在高温闷热的天气乘坐的客车空调不好用，下榻的客房里电源插座少；在旅游行程中设备突然损坏、没有及时修好。如饭店中、列车上、客轮上的空调坏了，大冷天没热气，或者热气不足；卫生间的抽水马桶坏了，有异味；水箱漏水，晚上发出“嘶嘶”的响声影响游客休息；或者电梯出现事故，旅游者被困等。

2. 服务标准众口难调

在对旅游服务的要求上，不同的旅游者心中有不同的标准。所谓“萝卜白菜，各有所爱”，面对来自世界各地的旅游者，由于文化差异，风俗习惯的不同，以及受到语言障碍、自然环境、突发事件等客观条件的影响，服务很难尽善尽美，使得所有的游客满意。

3. 旅游意外事故的发生

在旅游过程中，由于天气等自然灾害的影响致使不能按照日程安排旅游活动或者造成旅游者受伤；个别景区强迫旅游者购买纪念品；个别服务加收费用等意外事故的发生也会使旅游者投诉。

不同气质和性格的旅游者处理问题的方法有着明显的差异。内向的旅游者可能只是抱怨，而外向的旅游者可能比较愿意投诉。所以我们从业人员应该细心观察旅游者的言语、表情和动作，抓住旅游者的投诉心理，及时地弥补工作中的不足，尽量让旅游者保持良好的心境，减少不必要的升级投诉。

小知识：

所谓升级投诉，通常是指客户主观认为企业提供的产品或服务质量无法满足其期望，从而越过企业客服渠道向企业上级领导、管理部门、监管部门、媒体等渠道进行的投诉。

从客户升级投诉的根本原因来看，通常是由于企业产品本身功能或设计存在缺陷（不合理）、企业业务流程环节存在漏洞、企业工作人员疏忽失误、企业工作人员服务质量较差等引致。从客户升级投诉的性质来看，这些多为有理投诉。当然，也可能存在一些非正常的无理投诉，投诉者期望通过升级投诉的影响向企业施加压力，以达到高额赔偿或其他个人目的。

（资料来源：http://www.3158.com/news/2010/02/25/1267069641207.shtml）

二、旅游者投诉时的一般心理

（一）求尊重心理

著名心理学家马斯洛把人的需要分为五个层次，即生理需要、安全需要、社会需要、尊重需要和自我实现需要。这五种需要在每个人身上不同程度地同时存在，但总是有一种需要表现为主要需要。大多数旅游者在旅行过程中，“尊重需要”上升为他们的主要需求。

旅游者外出旅游的目的除了陶冶身心、丰富见闻、增添乐趣之外，还需要在受到别人的尊重上得到极大满足。在旅游行程中，旅游者往往认为自己花了钱，作为被服务者和消费者，有权利获得价值相符的服务。在整个旅游活动中，旅游者求尊重的心理一直贯穿始终，而当由于从业人员的失误，在服务过程中表现出对旅游者不够尊重，不能令其满意时，投诉便成为其获得尊重的重要途径。

旅游者采取了投诉行动之后，都希望别人认为他们的投诉是对的、是有道理的；希望得到别人的同情、尊重和重视；希望有关人员、有关部门重视他们的意见，及时向他们表示歉意，并承诺进一步追查，感谢旅游者的建议和支持。

小故事 **呆鸟**

导游员小王一次在带团观光游览的途中，为了调节旅行过程中沉闷的气氛，给游客出了一个关于鸟的脑筋急转弯，结果游客没有答出来，待导游员公布谜底后，大家恍然大悟并哈哈大笑起来，导游员见气氛不错便画蛇添足来了一句：“一群呆鸟！”随后，便引起游客的不满，投诉给了旅行社。

（二）求发泄心理

旅游者在遇到不称心的事情之后，或者被讽刺挖苦甚至被辱骂之后，会产生挫折感，继而心中充满了抵触、怨气和愤怒的情绪，只有通过适当的方式将这些情绪宣泄出来，旅游者才能使郁闷或不快的心情得到释放和缓解，以维持他们内心的心理平衡。在处理这类游客时，接待人员的耐心尤为重要，以恰当的语言和和善的态度安抚旅游者，并需要及时与相关部门联系确认问题所在，分清责任，给予合理解释。

【案例】：李小姐是辽宁来长春的游客，她在市区某景点旅游时口渴想买一瓶矿泉水。可在外面卖1元的矿泉水，到了景区内一下子就成了3元一瓶。李小姐想到外面去买，但一想自己出去门票就作废了，越想越生气，就投诉景区矿泉水价格存在欺诈行为。

（三）求补偿心理

旅游者在遭受了物质或精神损失后，向有关部门投诉时，当然希望能够得到一定的补偿，以弥补他们的经济或精神损失，这是一种普遍的心理。

例如，旅游者对饭菜质量不满意，希望更换或打折；对于旅行社擅自改变路线、削减项目或降低服务标准，旅游者希望退还部分费用；被服务员弄脏的衣物希望能免费干洗；遇到交通意外，希望得到赔偿；买到假冒伪劣商品，希望退货；被虚假广告欺骗，希望补偿损失等等。

三、旅游投诉者的类型

（一）挑剔型旅游者的意见投诉

挑剔型的旅游者经常参加各种旅游活动，他们会比较各个旅行社的服务水平和各个下榻的酒店，也会比较同一家旅行社的服务水平及下榻同一家酒店的现状和过去，他们以挑剔的眼光看待旅行社及酒店的现状。这类旅游者事实上非常关心旅行社及酒店，希望旅行社和酒店能够认识到存在的问题并予以改进。

（二）宣泄型旅游者的抱怨投诉

宣泄型的旅游者在酒店遇到不公正待遇时，会进行抱怨式的投诉。这时旅游者需要的是有人能够耐心地倾听他们的抱怨和不满，希望可以获得同情和理解。解决这类抱怨式的投诉需要有足够的耐心、爱心和细心，能够及时给予旅游者适当的关心，有时仅仅是一句安慰的话就可以化解旅游者心中所有的不满。

（三）谈判型旅游者的索赔投诉

谈判型的旅游者非常理智，会列举种种事实和理由证明自己的合法权益受到了损害，要求旅行社及酒店进行赔偿。处理这类投诉，就必须要明确各个职能部门及负责人的处理权限，把握好尺度和方法及处理索赔的时限等等。旅行社或酒店不要试图对这类投诉采用拖延战略，不要假想可以大事化小、小事化无。如果效率低下，拖延时日，旅行社或酒店即使最终按照旅游者的要求进行了赔偿，也无法让旅游者满意，因为时间是有价值的，效率代表了重视程度和信誉保证。

第二节　解决旅游投诉的心理策略

【案例】：　　**如何恰当处理游客投诉？**

中国青年旅行社的导游员丽华带一个境外团到海南旅游度假，下榻某宾馆。这天中午，当游客们兴致勃勃地从海滨浴场回来用餐时，一位游客发现餐厅服务员所上菜肴中有一条活的虫子。顿时一桌游客食欲全无，有的还感到恶心。游客们当即找到导游员丽华，气愤地向她投诉，并要求换家餐馆用餐。面对愤怒的游客，导游员丽华首先代表旅行社和饭店向全体游客表示歉意，然后很快找来该宾馆餐饮部经理，向他反映了情况，并提出解决问题的建议。该餐饮部经理立刻代表饭店向游客做了诚恳道歉。同时，让服务员迅速撤走了这盘菜，为了表示歉意，还给游客特意加了一道当地风味特色菜。面对导游员丽华和餐饮部经理真诚、积极的态度，游客们谅解了饭店餐厅的失误，也不再提出换餐馆的要求。

请分析丽华是怎样处理游客投诉的，她的这种处理方法是否恰当，为什么会有这种效果？

俗话说，凡事预则立，不预则废。因此，旅游工作者应该经常思考游客在想些什么问题，这样才能更理智地辨别旅游投诉者的心理类型，掌握适当的处理旅游投诉的原则和心理策略，更好地解决旅游投诉。

一、处理旅游投诉的原则

对旅游者投诉的处理，一般要注意这样三个原则："宾客至上"、"服务至上"、"合理而可能"。

（一）宾客至上原则

这一原则可谓是旅游业的服务宗旨和行动指南。作为从业人员，必须热情友好、真诚亲切地对待每一位旅游者，用发自内心的热情来打动旅游者，感染旅游者，在处理各种投诉时，多为旅游者着想，耐心解释，热情服务。无论何时，都要记住"客人永远是正确的"。如前面案例中的小胡。

（二）服务至上原则

在旅游者心目中，他们希望自己花了钱能够买到满意的"旅游产品"——优质的旅游服务。从业人员的服务态度和服务质量是影响"旅游产品"质量的直接因素。所以在处理旅游投诉时，从业人员必须优先考虑到旅游者的困难和要求。以其优质的服务来赢得旅游者的信赖、尊重和谅解。这样才有助于问题的解决。

（三）合理而可能原则

这一原则是从业人员处理各种投诉问题和要求的准绳。在处理旅游投诉时，从业人员应冷静仔细分析旅游者的各种意见和要求，甄别其合理性和不合理性；然后要明确自己的职责权限，做出适当处理。从业人员在处理这些要求时要考虑旅游者的心态。只要急旅游者之所急，想旅游者之所想，对无法满足要求的旅游者做出实事求是、合情合理的解释，大多数旅游者是可以理解的。

趣味阅读：

解读"客人永远是正确的"

"客人永远是正确的"这一口号，最早是1876年由美国饭店业鼻祖E. M·斯塔特勒提出的。当时他年仅13岁，在家乡附近一个小城镇上唯一的小饭店当服务员。一天，一位客人气冲冲地从餐厅来到总台，要工作人员在并不了解情况的前提下就他与一位餐厅服务员的争论说个谁是谁非。总台工作人员一看他喝醉了，神志不太清醒，于是说："我对那人（指餐厅服务员）的了解超过了你的了解。要说谁是谁非，我想他是正确的。"客人听完这话，二话不说，回到房间，打起行李，办理手续，离开了饭店。亲眼目睹这一切的斯塔特勒在他随身携带的笔记本上写了一句话。当饭店经理麦克勒赫先生走过，问他写了什么时，他把笔记本举起，请他过目。上面写着的正是“客人永远是正确的”这几个字。

经理当即问斯塔特勒：“你这不是太不公平了么？你连那餐厅服务员的意见都没有听。”斯塔特勒回答说：“我的意思是，服务人员在任何情况下都不应该跟客人争吵。”他后来又补充说：“不管怎么样，饭店失去了一位客人总是事实。”数天后，13 岁的斯塔特勒被提拔为夜间值班，相当于一名主管。

斯塔特勒提出“客人永远是正确的”这一口号，并不意味着客人提出的每一个投诉或索赔要求都是有理或正确的，实际上，客人的投诉或索赔要求有时是完全无理的。斯塔特勒的意思是：满足客人的要求是饭店应该做的事，不管客人的要求在服务人员看来是何等琐碎和不重要。

我们强调“客人总是对的”，强调服务员应当尊重客人。这并不是说服务员不应当受尊重，或由于“强调”而使人产生客人与服务员不平等。这一问题若不弄清楚，服务员心里存有障碍，在行动上就会很难对客人表现出尊重。作为服务员这一社会角色，他就必须恭恭敬敬地为客人服务，对客人要尊重，这是社会角色的规定，是合理的。如果认为这是“不平等”，这就否定了主客之间的关系。

（资料来源：钱炜. 中国旅游报，2004. 9. 25）

二、处理旅游投诉的心理策略

（一）耐心倾听、弄清真相

游客投诉时，我们应当有礼貌地接待，牢记旅游从业人员的服务宗旨，牢记“宾客至上”“服务至上”原则，心中想着旅游者，时刻关心旅游者，一丝不苟地做好各项工作。切记不要立即辩解，更不要马上否定；即使投诉者的态度不好，也要让他把话说完，必要时还应引导他把内心的“怨气”发泄出来，在任何情况下导游员不得与之吵闹。在客人盛怒之时，我们的解释可能会被认为是对他们的指责和不尊重，使旅游者越发受到刺激，问题反而不易解决。甚至有时会使旅游者带着郁积与不满，愤然离去。

听旅游者投诉时，在适当时候应当对旅游者表示同情，站到旅游者的角度，这样容易使旅游者平静下来。俗话说，会说的不如会听的。从业人员要善于听出旅游者话语的弦外之音，掌握旅游者投诉时的心理需求，目的在于对旅游者投诉工作的处理更具有针对性和可行性。

（二）同情游者、诚恳道歉

当旅游者前来投诉时，无论真相如何，从业人员应该学会同情旅游者，学会站在投诉者的立场考虑问题，以诚恳的态度向他们表示理解、尊重与歉意；会使旅游者感到你和他站在一起，从而减少对抗情绪，有利问题解决。

（三）区别情况、恰当处理

旅游者投诉最终是为了解决问题，因此接到投诉后，应区别不同情况，要尽快核实，找出投诉的原由和出错的环节，在征得旅游者同意后做出恰当处理。

对一些明显是我们服务工作的过错，应马上道歉，在征得旅游者同意后作出补偿性处理。征得旅游者的同意是为了避免处理时不合旅游者意愿，反而使问题更复杂化。能消除的服务缺陷应立即消除，能替代的尽快替代。

对一些较复杂的问题，在弄清真相之前，不应急于表态或处理，而应当有礼、有理、有节，在旅游者同意的基础上作出处理。有礼就是要有礼貌，不能对旅游者失礼；有理、有节就是清楚明白地列出充分的理由说服旅游者，并在征得旅游者同意的基础上作出恰如其分的处理。

例如有位旅游者投诉说刚买的一台收录机是次货，要求退换。售货员在细心检查后发现是旅游者未能正确安放电池而造成收录机时响时不响，便耐心地向其解释，征得旅游者同意后再包装好商品送还游客。

（四）吸取教训、完善服务

首先让负责解决问题的人共同检查问题是否已获得解决。当确实知道问题已获得解决时，还要询问客人是否满意。如果不满意，要采取额外措施去解决问题。

从业人员必须认识到，没有一个旅游者愿意投诉，从业人员应该把旅游者的每次投诉看成是一次改善服务、留住旅游者的机会，必须尽一切努力，保证投诉的旅游者得到安抚，重新赢得旅游者对酒店的信心。问题解决后，要再与旅游者联系，欢迎他多提宝贵意见。

做好投诉处理记录和报告，向上级汇报整个过程。定期了解旅游者对投诉处理工作的反映，及时归纳经验、总结工作中的疏漏和不足，并整理成书面意见，呈报总经理或相关部门，以便引起重视，帮助经营单位不断改进服务工作，完善管理制度。

（五）真心接受、真诚致谢

当旅游者前来投诉时，应当抱着热情、诚恳的态度，欢迎他们的投诉，尊重他们的意见，同情旅游者，向他们表达歉意。这样做使旅游者觉得我们重视他们的投诉，满足了他们的自尊心，为完满地处理他们的投诉铺平了道路。

如果一个人或一个单位不知道自已的弱点，就难以改进工作。我们在接受旅游者投诉时，一定不要理解为是对我们个人的指责。因为我们的工作出现差错，或者旅游者有误会，他们向我们投诉是相信我们能处理好这件事，希望我们帮助他们或希望我们改进工作、提高服务质量。导游员应向游客表示感谢，感谢他们对旅行社和导游员的信任；如果旅游者遇到不满意的服务，他不告诉饭店，而是讲给其他旅游者或朋友，这样就会影响到饭店的声誉。所以当旅游者投诉时我们不仅要真诚地欢迎，而且要感谢旅游者。若能圆满解决投诉，应感谢他们的谅解和协作，继续为旅游者提供热情周到的服务；对那些无理取闹、故意挑剔者，事后也不要冷落他们，而应继续为他们提供各类优质服务。

【案例】： **游船上缺饮料**

一位游客乘游船外出游玩后回到饭店餐厅，向服务员抱怨说，出发时没把他的饮料送到船上。起初服务员责怪厨房，接着又责怪导游，说他为什么装船时没核对好。这个服务员的态度把本来已愤怒的客人刺激得大发脾气。这时餐厅主管来到，他听完游客的投诉后，对游客说："对不起，在河上没有清凉饮料一定热得很。"他这种同情游客困境的话使游客平静了下来，接着他向游客道歉，并保证第二天一定将饮料装上船。游客逐渐消了气，就不再提投诉的事情了。

案例分析：案例中的服务员急于辩解，推卸责任，使游客更加不高兴；而餐厅主管恰好抓住了游客求发泄和求尊重的心理，注意聆听，注意平息旅游者的怒气，以诚恳的态度向他们表示理解、尊重与歉意；使游客减少对抗情绪，圆满地解决了游客的投诉。

总之，要合情合理地处理好旅游者的投诉，力求挽回影响。至于个别旅游者因不合理的要求得不到满足而提出投诉，从业人员了解情况后应认真向其解释，并指出他原先的要求是不合理的。从业人员应加强对旅游投诉工作的管理，兢兢业业毫不懈怠地寻找饭店、部门和本人的潜在问题，将一切可能的投诉消灭在萌芽状态。学会从失败中吸取教训，以利成长。只有这样，才能不断提高旅行社和饭店的社会效益和经济效益。

导游员是旅游接待第一线的关键工作人员，虽然很多事故的发生往往与其无关，但是他必须参与事故的处理，责无旁贷。这类问题和事故的处理是对导游员工作能力和独立处理问题能力的严重考验，处理得好，旅游者满意，导游员的威信会因此提高；反之，不仅旅游者不满，还可能留下隐患，一方面使旅游活动不能顺利进行，另一方面会引起旅游者投诉，甚至导致法律责任。因此，出现问题，发生事故，不管责任在谁，导游员必须全力以赴，及时、果断、合情合理地进行处理。例如前面案例“如何恰当处理旅游投诉”中的丽华和后面案例“巧对反感购物的游客”中的小董，她们都及时而圆满地解决了与自己无关的投诉问题，既维护了自己的导游威信又不损害游客的切身利益，同时也为自己所在的公司和合作伙伴赢得了利益。

趣味阅读：

投诉策略之坚持

小二黑是一个农民，从来没有出过远门。攒了半辈子的钱，终于参加一个旅游团出了国。国外的一切都是非常新鲜的，关键是，小二黑参加的是豪华团，一个人住一个标准间。这让他新奇不已。

第二天早晨，服务生来敲门送早餐时大声说道：“GOOD MORNING，SIR！”

小二黑愣住了。这是什么意思呢？在自己的家乡，一般陌生的人见面都会问：“您贵姓？”

于是小二黑大声叫道：“我叫小二黑！”

如是这般，连着三天，都是那个服务生来敲门，每天都大声说："GOOD MORNING, SIR!"而小二黑亦大声回道："我叫小二黑!"

抱着出远门长见识、学东西的小二黑终于开始反思了，这个服务生每天早上都问我的名字，一定有他的道理所在。

于是，小二黑反复练习"GOOD MORNING, SIR!"这个词，以便能体面地应对服务生。

又一天的早晨，服务生照常来敲门，门一开小二黑就大声叫道："GOOD MORNING, SIR!"

与此同时，服务生叫的是："我是小二黑!"

这个故事告诉我们，人与人交往，常常是意志力与意志力的较量。不是你影响他，就是他影响你，因此，要想改变对方的行为或决定，有些时候，你只要坚持一下就可以。

这一策略由掌握时间主动权的一方运用最为合适。心理学研究成果显示，拒绝改变是人的本性，人们在接受新事物或新观念，特别是那些不大为人所欢迎的观念时，总是需要一定时间的。

投诉处理中，客户所提要求超出了企业所能接受的底线，而客户又对企业所提出的处理方案表示不满，可以考虑采用这一策略。通过坚持策略，让客户对自己提的要求有个理性思考的过程，以便对企业的处理方案产生认同，从而有效地降低客户的较高需求。

(资料来源：孙凯民. http://my. boke28. com/sunkaimin)

四、处理投诉的语言艺术

美国社会学家卡耐基认为："一个人的成功，只有15%是由于他的专业技术，而85%则是靠人际关系和做人处事的能力。"因此得体、合"礼"的语言是人们在社会交往中一个重要的交际手段。旅游投诉的处理多为面对面，从业人员应该注意掌握如下的语言原则和技巧：

(一) 处理投诉应把握的语言原则

1. 话因人异

俗话说：到什么山，唱什么歌。面对不同年龄、性别、职业、民族、学识、修养、个性特征、生活环境等不同的投诉者，要因人而异，做到"夫言之术，与智者言，依于博；与博者言，依于辩；与辩者言，依于要；与贵者言，依于势；与富者言，依于豪；与贫者言，依于利；与勇者言，依于敢；与愚者言，依于说。"达到沟通和解决投诉问题的目的。

2. 话合礼仪

古人云：行孰能无过，言孰能无失。在游客投诉时，从业人员要做到在任何情况下都尊重游客。虽然游客与从业人员在投诉处理中地位平等，理应互相尊重。但是作为从业人员，更应该注意说话时的语音语调，语气及音量的大小，尽量创造出一种良好的情境氛围，旁敲侧击，有理有节，不失礼貌，以理服人。导游员具有幽默感是一件好事，但更要察言观色，因人而异，玩笑要开得恰到好处。如果团队成员普遍比较严肃或是职位较高的领导，不苟言笑，那么导游员应尊重对方的习惯，工作状态以成熟稳健为主，说得多不如说得巧，拿不准不如说得少。

（二）处理投诉应把握的语言技巧

1. 即时准确

处理旅游投诉时，与游客进行面对面的信息沟通与反馈。从业人员的语言应即时准确。话如何说、怎么说、用什么表达等都在瞬间完成思考表达，相互对话中要注意察言观色，抓住时机，及时交流，围绕主旨，使问题快速得以解决。

2. 情理交融

处理旅游投诉时，要晓之以理，动之以情，情理交融。从业人员的语气、语调、身姿、手势、表情等任何一种语言表达形式，都要借以抒发感情，增强感染力，语言动作都要发自于内心，应从有益于解疑出发，尽可能从情感和道理上取得当事人双方的共识和理解，最终找到问题的合理解决途径和办法。

【案例】：　　**巧对反感购物的游客**

2006 年 5 月，迷人的海南岛正值旅游高峰期，地陪小董接待了一个来自贵州的旅游团，该团走的是常规海南游。小董按照行程计划认真安排接待工作，一路上，贵州游客对海南岛的风景赞不绝口，对导游员的服务也非常满意。但是到了行程的第三天，小董按照原定计划安排购物时，游客们开始不满起来，甚至一反常态，表示坚决不进购物店。而且扬言要向有关部门投诉。面对游客的怨言和反应，小董非常生气，但是他很快稳定了自己的情绪，以平时一样温和的语气对大家说："这几天大家游玩得都很开心，对我的工作也比较认可，到了购物这一环节，大家的反感我可以理解。但是也请大家同样理解我们的工作，你们此次选择的是经济团，全程一共需要进 3 个购物点，这是大家出发前就商定好的，不是导游员的个人行为，我只是按照大家事先定好的合同来履行。当然，不是所有的团队都安排购物的，只要出发前在所报名的旅行社商量好各项事宜就可以了。请大家给予理解和配合，谢谢各位对我工作的理解和支持。"说到这里，游客们已经无话可说，并在以后每一次进店中都能主动配合导游员的安排了。

案例分析：上述事例可能许多导游员都遇到过，并为之苦恼。案例中小董的语言得体、到

位，缓解了游客的反感，使行程得以顺利进行，值得大家借鉴。当然，导游员只有以热情周到的服务打好基础，认真履行旅行社的购物安排，不私自加点，才能在游客面前站得住脚。

五、处理投诉的体态

法国作家阿诺·格拉索说过："笑是没有副作用的镇静剂。"即使面对刻薄刁钻的旅游者，从业人员在处理投诉之前，亲切热情的服务也能够弥合投诉者的心理创伤，恰当地运用体态语言在调整彼此关系中能起到化干戈为玉帛的作用。在听旅游者投诉时，先请投诉者坐下，可消除对立情绪；从业人员要与游客保持目光交流，身体正面朝向游客，以示尊重。表情专注地倾听投诉者陈述，会令人感到亲切；手持笔记本仔细听、认真记录，给人以认真负责之感；身体微向前倾，两臂自然下垂，会使人消除戒心感到亲近。

综上所述，从业人员在处理投诉中要洞悉游客的投诉心理需求，把握住投诉者期待问题尽快解决的心理，应立即采取措施。灵活运用各种处理投诉的原则和心理策略，掌握语言适用原则，把握语言导向技巧，辅之以恰当的体态造型，形成良好的洽谈语境，有益于消除矛盾，相互理解，最终达到解决问题的目的。

思考练习题：

一、填空题

1. 旅游者投诉可谓是有各种各样的原因，但是主要表现为（　　）和（　　）两种。

2. 引起旅游者投诉的客观原因主要是（　　）、（　　）和（　　）。

3. 旅游者投诉的心理需求表现主要是（　　）、（　　）和（　　）。

4. 旅游投诉者的主要类型是（　　）、（　　）和宣泄型的旅游者。

二、单项选择题

1. 下列属于服务员接待旅游者态度不主动、不热情的是（　）

A. 接待外国人态度热情，接待内陆游客态度冷淡

B. 对旅游者态度生硬，言语冲撞旅游者

C. 对旅游者评头论足，轻视旅游者

D. 擅自闯入旅游者休息的客房

2. 旅游者投诉是有原因的，下列属于主观原因的是（　）

A. 工作不负责任　　B. 设备不完善

C. 空调损坏，没有及时修好　　D. 突发暴雨，在酒店要不到出租汽车

3. 旅游者在受了一定的损失而向有关部门投诉时，希望能补偿损失。这是旅游者（　）

A. 求尊重的心理　B. 求发泄的心理　C. 求补偿的心理　D. 求保护的心理

4. 旅游者在受到导游讽刺后投诉时，希望导游能在全体游客面前道歉。这是旅游者（　）

A. 求尊重的心理　B. 求发泄的心理　C. 求补偿的心理　D. 求保护的心理

5. 旅游者在景区购买饮料花高价感到不满而向有关部门投诉时，这是旅游者（　）

A. 求尊重的心理　B. 求发泄的心理　C. 求补偿的心理　D. 求保护的心理

三、多项选择题

1. 下列属于旅游者投诉的主观原因有（　　　）

A. 不尊重旅游者　B. 设备不完善　C. 工作不负责任

D. 空调损坏，没有及时修好　E. 景区收费不合理

2. 下列属于旅游者投诉的客观原因有（　　　）

A. 设备损坏，没有及时修好　B. 自然灾害，延误行程

C. 工作不认真　D. 人为损坏游客购买的物品

E. 不尊重旅游者

3. 下列属于从业人员对旅游者不尊重的表现有（　　　）

A. 未经旅游者同意闯入房间　B. 挖苦、讽刺旅游者

C. 不尊重旅游者的风俗习惯　D. 接待旅游者态度不主动、不热情

E. 不注意语言修养，言语冲撞旅游者

4. 下列属于旅游者投诉时的一般心理有（　）

A. 求尊重的心理　B. 求发泄的心理

C. 求安全的心理　D. 求补偿的心理

E. 求保护的心理

5. 下列属于从业人员服务不合格引起投诉的是（　）

A. 山洪暴发延误行程　B. 餐具不洁

C. 空调突然失灵　D. 洗手间卫生打扫不彻底

E. 导游景区讲解不详

四、是非判断题

1. 不尊重旅游者是引起旅游者投诉的主观原因。（　）

2. 未经旅游者同意闯入游客的房间是导游员不尊重旅游者的表现。（　）

3. 接待旅游者态度不主动、不热情是引起旅游者投诉的客观原因。（　）

4. 工作不负责任是引起旅游者投诉的主观原因。（　）

5. 设施不完善是引起旅游者投诉的主观原因。（　）

6. 当旅游者向我们投诉时，切忌急于辩解与之发生争吵。（　）

7. 无论旅游者投诉动机如何，我们都必须牢记“客人永远是正确的”。（　）

8. 听旅游者投诉时，应当对旅游者表示同情，换位思考，这样容易使旅游者平静下来。(　)

9. 由于自然灾害等不可抗拒力而引起投诉，从业人员可以置之不理。(　)

10. 对一时不能处理好的事，在征得旅游者同意后作出恰当的处理。(　)

五、名词解释

1. 旅游者投诉　　　　2. 求补偿心理

六、简答题

1. 处理旅游投诉时的主要原则是什么？

2. 处理旅游者投诉时我们应注意哪些语言原则？

3. 处理旅游者投诉的主要心理策略有哪些？

七、案例分析

（一）一包黄土

一位回大陆探亲观光的台湾客人王先生，住北京某饭店，9 月 20 日离京赴西安游览。19 日晚当王先生收拾行李时发现他放在纸篓旁的一包黄土不见了。他打电话到客房部经理办公室，投诉丢了一包黄土，并要求务必找到，明早要带到西安。因为近日他将离开西安取道香港回台湾。

客房部经理接到此投诉后，作如下处理：

(1) 经理连忙到王先生的客房进行道歉，并承诺马上开始寻找；

(2) 王先生为台湾赴大陆探亲的普通客人，对一包黄土如此重视，必有原由，楼层小组认真查找；

(3) 请客房清扫员认真回忆，探其下落。

按客房部经理的指示，清扫员回忆，在客房内纸篓旁发现一纸包，随手与其他污物扔进垃圾袋内，倒入垃圾通道。在领班的带领下，大家齐心合力在垃圾房的成堆垃圾中找到此包，并迅速送到王先生手中，王先生再三感谢。王先生离开大陆前又给饭店打来电话特此致谢。台湾与大陆隔海相望，从祖坟上取下这包黄土，作为心中最好的纪念。真是“一包黄土贵如金，人间自有真情在”。

试分析客房部经理在处理投诉时满足了顾客的什么心理需求，体现了哪些服务原则？

（二）五粮液风波

某四星级酒店的二楼包房里，有一位已近半醉的客人在同服务员纠缠不清。“这瓶五粮液肯定是伪劣商品，我喝了几十年酒连五粮液的真味都辨别不清吗？”他口齿含糊，满脸通红。“我告诉你们，这瓶酒我不喝了，马上给我封口，明天送到市质量检验所去鉴定！今天这顿饭钱我不会付的。我断定这是假酒，明天检验结果出来，看你们还有什么话说？我要你们赔偿经济损失！”

服务员见状，便悄悄让人给餐厅经理去电话。不一会儿，餐厅经理闻讯赶到连忙微笑着赔不是，并说道：“谢谢您对我们酒店服务质量提出宝贵意见。尽管我们的饮料和酒都是从市糖酒公司直接进的货，这几年来从未发生过伪劣商品的事件，然而我们还是愿意重视您的意见，以维护酒店的声誉。我们同意把酒送去检验的建议。明天一早我会派人把酒送去检验，检验结果一定及时送到您手里。我也同意您提出的今天晚餐暂不收费的建议，等鉴定结果出来再说。”餐厅经理的话充满诚意，说得客人连连点头称是。客人刚要转身离开，餐厅经理请他留下地址和电话，以便把鉴定结果通知他。

第二天刚上班，酒店先从酒的包装、造型与印刷等外部形象进行检查，初步断定酒是真品。酒店又与市糖酒公司联系，了解这批五粮液的进货状况，证明酒也是可靠的。市糖酒公司派人到公司仓库取出同批进货的五粮液送到酒店进行比较，结果一模一样，认定给客人的酒是真正的五粮液。

下午，餐厅经理亲自与客人联系，介绍了鉴定情况，并且告诉对方，如认为这个结论没有说服力，可以送到省的酒类检测中心去化验。如果检测中心的鉴定结果表明这瓶五粮液是冒牌货，大酒店不仅免收昨天晚餐的费用，还将在《日报》上登载道歉声明。然而，如果检验结果是真品，一切费用将由客人来承担。

客人听到此话，知道昨天喝酒过多有失理智，此刻听到酒店餐厅经理对他昨天的取闹竟如此重视，且效率如此之高，内心深为感动。他答应马上到大酒店来付款，并为自己给酒店增添麻烦连声道歉。

试分析：(1)客人投诉时有什么心理需求？

(2)请评论一下餐厅经理处理投诉时有哪些方面符合了处理客人投诉的心理策略？

知识链接：

旅游法律法规——
《旅游投诉暂行规定》

根据国家旅游局1991年颁布实施的《旅游投诉暂行规定》投诉必须符合以下条件：

第一条　必须符合下列条件：

一、投诉者是与本案有直接利益关系的旅游者、海外旅行商、国内旅游经营者和从业人员。

二、有明确的被投诉者、具体的投诉请求和事实根据。

三、属于本规定的下列旅游投诉范围：

1. 认为旅游经营者不履行合同或协议的。

2. 认为旅游经营者没有提供价质相符的旅游服务的。

3. 认为旅游经营者故意或过失造成投诉者行李物品破损或丢失的。

4. 认为旅游经营者故意或过失造成投诉者人身伤害的。

5. 认为旅游经营者欺诈投诉者，损害投诉者利益的。

6. 旅游经营单位职工私自收受回扣和索要小费的。

7. 其他损害投诉者利益的。

第二条　投诉者应当向旅游投诉管理机关递交投诉状，并按被投诉者数提出副本。

递交投诉状确有困难的，可以口诉，由旅游投诉管理机关记入笔录，并由本人签字。

第三条　投诉状应当记明下列事项：

1. 被投诉者的姓名、性别、国籍、职业、年龄、单位(团队)名称及地址。

2. 被投诉者的单位名称或姓名所在地。

3. 投诉请求和根据的事实与理由。

4. 证据。

第四条　投诉者有权了解投诉的处理情况，有权请求调解，有权与被投诉者自行和解，有权放弃或变更投诉请求。

第五条　被投诉者可以与投诉者自行和解，向投诉者赔礼道歉，赔偿损失；也可以依据事实，反驳投诉请求，提出申辩，请求保护其合法权益。

第六条　被投诉者应当协助旅游投诉管理机关调查核实旅游投诉、提供证据，不得隐情阻碍调查工作。

第七条　被投诉者接到投诉状或者口头投诉，应当调查核实，与投诉者自行协商解决纠纷；不能自行和解的，应当及时移送旅游投诉管理机关，由旅游投诉管理机关审查处理。

第八条　旅游投诉管理机关做出受理决定后，应当及时通知被投诉者。被投诉者应当在接到通知之日起30日内做出书面答复。

第九条　旅游投诉管理机关处理投诉案件，能够调解的，应当在查明事实、分清责任的基础上进行调解，促进投诉者与被投诉者互相谅解，达成协议。调解达成协议，必须双方自愿不得强迫。

投诉的时候一定要说明这些投诉情况。

一、投诉者的姓名、性别、国籍、职业、单位（团体）名称、地址、联系电话。

二、被投诉者的名称、通讯地址、联系电话。

三、投诉的事实与理由。

四、具体赔偿要求。

五、与事实有关的证明材料，如合同、传真、机船车票、门票、凭证、发票等。

（资料来源：http://www.17u.net/bbs/show_8_381021.html）

第九章　旅游企业员工的心理保健

学习目标

★ 了解什么是心理健康以及心理健康的标准。

★ 在工作中遇到挫折和压力时,我们如何正确地应对?

★ 怎样调适自己以健康的心理投入工作和生活。

名人名言

播下一种心态,收获一种思想;

播下一种思想,收获一种行为;

播下一种行为,收获一种习惯;

播下一种习惯,收获一种性格;

播下一种性格,收获一种命运。

心态改变,命运随之改变。

——萨克雷

【引例】:导游专业毕业的小李,作为导游第一次带团,在车站等候旅游团时,总想上厕所。当游客来到她的面前时,早就准备好的欢迎辞不知跑到哪去了,只是用颤抖的声音连续三次说:"女士们,先生们,大家好!"游客们觉得莫名其妙,见导游不知所措,大家不约而同地笑了起来。小李看着全陪,心里在埋怨:怎么搞的,明明知道我是第一次带团,也不出来解围,太不配合了,就等着看我的笑话。这样的开始使小李变得更紧张,出站时她又走错了出口。有的游客因为走了一段冤枉路而发牢骚,她觉得游客太挑剔,故意找她的麻烦,于是和游客发生争吵,自己是第一次带团,怎么会清楚地知道所有的一切呢?当天晚上,她还在想白天的尴尬事,心想如果换个全陪可能就不会这样了,辗转反侧,难以入眠,快到天亮,又赶紧准备讲解内容,可是竟然一句话也看不进去。旅游开始了,在对景点进行讲解时又担心自己的讲解不够精彩。当游客提问时,她越来越紧张,怎么也记不起来,后来干脆哭了起来……

毕业后初次带团的紧张心情给小李带来了很大的压力。这些压力通过她的生理、情绪以及认知反应出来。压力不仅仅存在在工作初期,也存在于工作的过程中,并且随着社会生活的日益复杂化和丰富化,人们感受到的压力,会直接影响工作的效率,甚至影响个体的身心健康,那么旅游企业员工如何在重重压力下,保持良好的自我感觉和稳定的情绪,充满信心地工作呢?

第一节　员工的心理健康

一、提高心理保健的意识

过去，当我们提及健康时，“没病没痛”是一种理想境界，这更多的是倾向于生理上的健康。然而，随着时代节奏感的加快和职场竞争的加剧，人们面临日益增长的心理压力。在“泛压时代”的今天，我们面临社会环境压力、生活节奏压力、家庭负担压力、工作内在压力、组织要求压力、职业生涯压力、人际关系压力等，面对学业、就业、失业、升职、调薪、关系、生存与生活的问题，必然会遇到种种困难和挫折，产生种种焦虑，感到力不从心，身心疲惫，难免会有许许多多的如心理焦虑、心理失衡、心理恐惧、心理困惑等心理问题出现。联合国国际劳工组织的调查报告显示：心理压抑已经成为21世纪最严重的健康问题之一。因此不断调节自己的情绪，从容应对挫折和压力，提高心理健康水平，加强自我心理保健意识，对现代人来说具有越来越重要的意义，它将影响一生，受用终身。

二、心理健康的含义

健康是指生理、心理以及社会适应三个方面全部良好的一种状态，而不仅仅是指没有生病或者体质健壮。人只有身体结构和生理功能上的正常不能算作实质意义上的健康，还应包括思维等心理活动的正常，个性的正常与行为的正常。

1946年第三届国际心理卫生大会提出，心理健康是指身体、智力、情绪十分调和；适应环境，在人际关系中能彼此谦让；有幸福感；在工作和职业中能充分发挥自己的能力，过有效率的生活。心理健康包括两层含义：一是无心理疾病，这是心理健康的基本条件，心理疾病包括各种心理及行为异常的情形。二是具有积极向上的心理状态。这是从积极的预防的角度对人们提出的要求，目的是要保持和促进心理健康，消除不健康的心理倾向，使心理处于最佳的发展状态。身体健康的人可以经得起自然界的风吹雨打，而心理健康的人往往更能经受住多种多样的人生坎坷与磨难，更能够勇敢面对现实。

小知识：

由于社会历史等原因，我国的心理卫生工作起步较晚，大多数人对健康的认识还停留在身体器官有无病变的层面，而忽视了精神病变的层面。一提起心理疾病，许多人仍然将其与精神病一视同仁，好像谁要承认自己有心理问题或心理不健康，就是一件很丢脸的事情。生活中，人们很少把诸如心理障碍、失眠、长期情绪低落等一般性心理问题与心理健康联系起来，这是缺乏心理健康意识的表现。有专家称，在现代社会，心理问题已经像伤风感冒一样常见，感冒了要吃药，发烧了要就医，而出现心理问题，接受心理咨询、心理辅导或心理治疗也是很自然的事情。对此，只有及早发现、及早干预才是明智之举。

三、心理健康的标准

身体健康比较容易判断，那么心理健康怎么判断呢？一般认为心理健康的标准可以概括为以下七条：

（一）了解自我

一个心理健康的旅游从业人员，能了解和认识自己，对自己的能力，性格、优缺点和各种兴趣及需要，都能做出恰当的、客观的评价，即使对自己的不足和缺点，也可以安然处之，并能够努力开发自己的潜能。

（二）悦纳自我

对自我的外貌特征、人格、智力、能力等都能愉快的接纳认同。

（三）控制自我

愉快、乐观、开朗等情绪经常占优势，虽然也会有悲、忧、愁、怒等消极情绪体验，但能适度的表达和控制自己的情绪，自尊自重，保持良好心境。

（四）调节自我

对自己不切实际的行为目标、心理不平衡状态、与环境的不适应性，能及时的反馈、修正、选择、变革和调整。

（五）发展自我

具备从经验中学习的能力，充分发展自己的智力，能根据自身的特点发展自己的人格。

（六）调适自我

对环境有充分的安全感，能与环境保持良好的接触，理解他人，接受他人，能保持良好的人际关系。

（七）智力正常，行为合理

智力正常是心理健康的基本标准。智力是人的观察力、记忆力、想像力、思考力和操作能力的综合。智商低于 70 者为智力落后，智商在 80 以上是智力健康的标准。行为合理具体包括：行为方式与年龄特征一致，行为方式符合社会角色，行为方式在不同的环境中能保持一致，行为始终受到自我意识的控制等。

应该注意的是，心理健康不是某种固定的状态，而是动态的，变化的，因年龄、性别、社会或家庭等方面的变化而发生变化。一个心理健康的人并不意味着完全没有不健康的心理和行为。判断一个人的心理健康状况，不能简单地根据一时一事下结论。倒退 50 年，若有人在海滨游泳场裸泳，会被看成是变态。而在如今的欧美，你会看到有的海滨浴场有很多人裸泳，人们并不认为这是心理不正常的表现。但是在亚洲的许多国家，裸泳者会被认为是精神病患者。

知识阅读：

中外研究人员对上千名成功者的"成功因素"作了调查分析，结果显示，智商因素仅占20%，而以合作作为重要内涵的情商因素则占到了80%。

情商就是情绪智力，是一种准确地评价、表达和调节情绪的能力，是使人获得成功的非智力因素。根据情商理论，一般把情绪智力的构成要素概括为四个方面：

1. 认识自己的情绪。即当某种情绪一出现时就立即能够觉察，它是情绪智力的核心。

2. 控制自己的情绪。即在认识自己情绪的基础上，能够调节自己的情绪，使之适时适地适度；能够按照某一目标调动、指挥自己情绪的能力。

3. 了解别人的情绪。能够敏锐地感受到他人的需要与愿望的能力，是最基本的人际交往能力。

4. 尊重别人的情绪。通过尊重别人的情绪，与他人建立和谐人际关系的能力。

四、努力提高自己的心理健康水平

【案例】：导游员小陶，活泼开朗，轻松自得，自称拿得起，放得下，生性逍遥自在。可是却有一个特殊现象，令她迷惑不解。她在带团的三四天前开始患口腔炎，口腔黏膜溃疡、疼痛，临近带团日，其病痛达到顶点，给工作带来了极大的不便。近两年来，随着出团日期的逼近，她的口腔会反复出现同样的症状。她工作的时候，即使是炎热的夏天，手脚也是冰凉冰凉的。

思考一下小陶的疾病和心理紧张有没有关系？

其实，小陶的口腔炎与心理紧张造成的压力有很大关系。像她这样从事时间控制非常严格、精神高度紧张的工作，无论多么开朗的人，这种紧张情绪都会不知不觉地在身体上有所反应，往往表现为颈部或肩部肌肉僵硬、手脚血管痉挛等等。即使本人心理上尚未意识到这是精神压力所致，但是，身体上已经直接表现出来了。

大部分现代人身体出现各种症状，均是有形或无形的心理压力的反应，也许本人尚未察觉。不仅是焦躁不安、失眠、忧郁、精神衰弱，由于各人体质不同，不少人还表现出明显的身体异常，比如，血压升高，心绞痛、哮喘发作、荨麻疹等，这就是近来引人注目的心身症（与心理因素紧密相关的身体疾病），也叫做心理问题躯体化。诸如一站在话筒前就发不出声的主持人，临近考试就头痛、腹泻或阑尾炎发作的学生，一到公司决算期血压就上升的公司职员等均属此类。因此，一旦发现自己情绪低落、身体异样、工作不顺的时候，就有必要检查一下自己的心是否不知不觉中被心理压力所侵蚀。要在现代社会坚强地生活下去，首要的是学会巧妙地缓解压力，掌握消除压力的秘诀。

不保护自己的心理健康，心理健康的水平就会下降，甚至出现病态，变成心理障碍患者；如果目前心理健康不是最佳水平，可以通过自己的努力不断提高自己的心理健康水平，使个性不断得到发展。

（一）正确认识自我并接纳自我

要学会多方面、多途径地了解和认识自己的优缺点，以及能力、兴趣等，同时能够坦然承认并欣然接受，不欺骗自己，更不拒绝和憎恨自己。认识自我的途径有很多：

1. 比较法

又分为横向比较和纵向比较，横比就是把自己和同龄的、条件差不多的同学或朋友相比较。纵比就是与自己的以前比，看自己是进步了还是退步了。

2. 他评法

通过他人对自己的态度、评价来认识自己。它可以解决在认识自我中可能出现的“当局者迷”的问题。但也会有不全面的现象，须综合各种人的意见。

3. 自评法

是以自己的成败经历、行为特点来认识自己，即从自己如何做事、结果如何等方面来评价自己。

4. 心理测验法

在心理学专家的帮助下，通过心理测试来认识自己。

在日常生活中，以上四种认识自我的方法，应该说每一种方法都有它的普遍性与局限性，因此，必须综合使用这几种方法来全面认识自己，欣赏自己的长处，认可自己的短处，不妄自菲薄，坦然地承认和欣然地接受有好有坏并不完美的自己。

（二）积极参加社会活动

一般的心理与行为失常者，都是与他人关系失去和谐，在行为上多表现为退缩，甚至对人表现仇恨、怀疑、畏惧、憎恨等态度。因此，从预防的观点看，主动参与社会活动，并与人建立良好的人际关系，是维护心理健康的最好方法。

首先，要能够进行正常的人与人之间的交往。

其次，要参加职业性的活动。参加这类社会活动，不仅可以扩大交往范围，而且也可以使自己在工作上得到发展和提高，增强自信。

（三）提高积极的应付技能

应付是指成功地对待环境挑战或处理问题的能力。西方有一句谚语：麻烦还不算是麻烦，如何解决麻烦才是真正的麻烦。也就是说，心理压力本身并不一定就是完全消极的压力，关键在于你如何去对待这种压力。同一种心理压力，对不同的人的影响是不一样的，可能是纯粹的消极压力，也可能变成某种积极的动力。积极的应付技能可以促使员工有效地面对心理应激、重新恢复生理与心理的平衡状态。消极的应付往往会促使员工滞留在工作压力的应激状态，被动地消耗自身潜在的能量，产生消极情绪，甚至有的会导致心理疾病。

【案例】：某宾馆服务员小冯，第一天上班被分配在9楼值台。由于她刚经过3个月的岗前培训，对做好这项工作充满信心，自我感觉良好。上午的接待工作的确颇为顺手。午后，电梯门打开，走出两位港客。小冯立刻迎上前去，微笑着说：“先生，欢迎入住本酒店，请跟我来。”接着，她又一一介绍客房设施、设备，“这是床头控制柜，这是空调开关——”这时，其中一位客人用粤语打断她的话头说：“知道了。”但是，小冯仍然继续说：“这是电冰箱，桌上有文件夹，夹内有‘入住须知’和‘电话指南’——”未等她说完，另一位客人便掏出钱包抽出一张面值20元的港币不耐烦地递给她。这时，小冯愣住了，一片好意被拒绝甚至误解，使她感到既沮丧又委屈，她涨红着脸对客人说：“我们不收小费，谢谢您！如果没有别的事，那我就告退了。”说完，小冯退出房间，回到服务台。

小冯实在想不通，自己按照服务规范给客人耐心介绍客房设施、设备，为什么不受客人欢迎。以后自己该如何接待客人呢？和小冯有同样经历的小张，因为性格倔强，认为自己按照宾馆的服务规程工作没有错，而是客人太挑剔，难伺候，故意找她的别扭，依然我行我素，最后对工作渐渐失去信心，辞职了。而小冯请教了不少富有经验的老员工，后来才慢慢懂得，在服务过程中要把握好“度”，同时还要学会察言观色，不可一味地硬搬规范。果然，时隔不久，小冯便成了一名很出色的服务员并得到上司的肯定升为领班。

(四)扩大自己的社会支持

社会支持是指一个人通过社会联系而从其他人那里获得的精神支持，是个人对抗压力和应激的重要力量。一个人能有几个与自己患难与共的朋友，在家中有体贴、理解自己的父母，在学校有民主、关心自己的老师，在单位有开明的领导，那么当他遇到心理压力的时候，也就有了一种强有力的支持和依靠。另外，如果能够有效利用心理咨询和心理辅导的社会服务系统，提供及时而有力的帮助，降低身心疾病和心理压力对人们的消极影响，从而以积极的心态去面对工作和生活。

图片来源：职业道德与法律，高教出版社，2009

第二节 员工的挫折与心理防卫

【引例】:某五星级大酒店一位刚毕业的服务员，工作不到半年。但她近日总是无精打采，注意力不集中，情绪消沉，感到身心疲惫不堪。原因是以前的上司很欣赏她，新来的领导却总是看她不顺眼，不管她怎么努力地工作，对她仍然非常挑剔。于是她经常流露出想要辞职的想法。

“月有阴晴圆缺，人有悲欢离合”。人的一生难免会遇到这样或那样的挫折。不同的人对挫折有不同的态度和方法。正确的态度和方法能使人从挫折中总结经验吸取教训，增强心理承受能力和解决问题的能力，不当的态度和方法给人造成巨大的痛苦，引起失意、沮丧、消沉，甚至是疾病，从而影响员工的工作质量，给企业带来不良的影响。

一、挫折及其产生的原因

（一）挫折的概念

所谓挫折是指人们在从事有目的的活动时，遇到了某种障碍或干扰，使其目标难以达到甚至无法达到而产生的一种失落的心理状态。

（二）挫折产生的原因

妨碍达到目标而产生挫折的原因，一般可分为客观环境因素、个体主观因素和工作情境因素三类。

1. 客观环境因素(包括自然环境和社会环境)

(1)自然环境。包括高噪声、低照明的工作环境，以及个人无法控制的自然因素。比如无法预料和抗拒的水灾、地震,以及人的衰老、疾病、死亡等，会给人带来精神上的重大打击，引起强烈的挫折感。例如，在旅途中遇到大雪封山而无法到达九寨沟时，旅游者会产生挫折感，旅游者因此而抱怨导游，导游也会产生挫折感。

(2)社会环境。生活中人的言行要受到社会政治、经济、法律、道德、宗教以及风俗习惯等的限制，导致目标或动机难以实现，需要得不到满足，引起挫折感的产生。例如，因为全球性的经济危机，旅游公司裁员而产生的挫折感。

2. 个体主观因素

个体主观因素包括个人的生理条件与动机冲突两种情况。例如，某些岗位会对个人的相貌、身材、身高、健康状态有要求，有的人由于没有达到标准而引起挫折。有的人心理素质脆弱、抱负水平定得过高、心理冲突和认知能力弱而常常受到挫折。心理冲突包括竞争与合作的冲突，理想与现实的冲突，满足欲望与抑制欲望的冲突。

3. 工作情境因素

工作情境因素指在企业组织管理中出现的因素，包括管理方式、人际关系、工作性质、工作环境等。例如:当企业环境优美,鸟语花香,人与人和谐相处时,就会给员工一个良好的心情。如果人事管理制度和人才选拔机制不合理,导致提干受影响,发展机会受阻碍,就会产生挫折情绪。

二、挫折后的行为表现与心理防卫机制

(一) 挫折后的行为表现

人们在工作和生活中遇到挫折后,会表现出各种各样的行为反应。

1. 理性的行为表现

(1)继续努力。个体的需要通过努力不能被满足时便会采取更加努力的行为坚持去争取成功。

(2)更换目标。原来的目标达不到便换另一个目标。

(3)自我升华。当人们遭受挫折后,把不为社会认可的动机和不良情绪转移到被社会认可的活动中去,变压力为动力。例如,明代医药学家李时珍,从小爱好读书,在14岁那年考中秀才,后来参加乡试考举人,三次都失败了,可是他并没有气馁,转而立志学医,做一个为病人解除痛苦的好医生。为了修改古代医书的错误,他行程不下万里,参阅了800多种书籍,经过3次修改稿,用了将近30年的心血,编成了先后被译成日、德、法、英、俄、拉丁等十几种文字,被公认为"东方医学的巨典"的《本草纲目》。

(4)合理化。这是人们受挫折后想出各种理由原谅自己,为自己的失败辩解,起到自我安慰的作用,类似我们常说的阿Q精神,"酸葡萄""甜柠檬"效应,压力防御机制中的文饰。

趣味阅读:

狐狸与葡萄

伊索寓言中有个《狐狸与葡萄》的故事,说的是那狐狸本来是很想得到已经熟透了的葡萄的,它跳起来,不够高,又跳起来,再跳起来,——想吃葡萄而又跳得不够高,这也算一种"挫折"或"心理压力"了,此时此刻狐狸该怎么办呢?若是一个劲地跳下去,就是累死也还是跳不够摘那葡萄的高度,于是,狐狸说:"反正这葡萄是酸的。"言外之意是反正那葡萄也不能吃,即使跳得再高,摘得到也还是"不能吃",这样,狐狸也就"心安理得"地走开,寻找其他好吃的食物去了。

(资料来源:吴正平等.旅游心理学.旅游教育出版社,2003)

2. 非理性的行为表现

(1)攻击

攻击是挫折后引起愤怒情绪常见的对抗行为。这种攻击行为又可分为直接攻击和转向攻击两类。直接攻击是将攻击矛头直接指向构成挫折的人或物。对自己的才能、权利、地位、容

貌等方面比较有自信的人，容易采取直接攻击行为。而转向攻击是一种变相攻击，把攻击行为转向某种替代的人和物。有迁怒、无名烦恼和自我责备三种。如有人在工作中受到主管的批评，不敢直接顶撞，回到家里就找家人出气。在旅游企业中有的员工受到挫折，可能转向游客发泄，引起矛盾冲突。这是旅游工作的大忌。

(2)退化

受挫后个体采取幼稚的反应形式，有时会表现出与自己年龄、身份不相符的行为，这种行为上的倒退现象就称为退化。例如，有的成年人受挫后坐在地上捶胸顿足、嚎啕大哭或撕衣物或咬手指或不停地吃东西等。本章开篇案例第一次带团的小李因为紧张，出现了一些失误，后来游客提问她回答不出就哭起来，就属于退化的表现。

(3)消沉冷漠

受到挫折以后对一切采取无动于衷、漠不关心的态度，好像没有了情感和情绪。例如，员工受委屈，管理人员不听其申诉，同事又不表示同情时，员工对一切都表现出失去信心，对任何事情都不感兴趣，自暴自弃，或者要求调离原单位。如果挫折极其严重，或者这个人的挫折耐受力极小，又无外力帮助，就有可能产生厌世轻生的念头和举动。

(4)固执

固执是指个体在受到挫折后明知不可为而为之，并且一再重复同样的刻板的无效行为，即使情况有变，这种刻板行为仍然会继续。例如一位老太太的小孙子在地震中不幸遇难，不管别人怎么劝说，但老太太坚信她的孙子就在倒塌的房屋中，依然用双手不停地扒废墟，希望救出她的小孙子。

(二) 避免挫折的心理防卫机制

心理防卫机制是受挫者为了减轻或避免挫折可能带来的焦虑与痛苦，恢复情绪平衡与稳定的自我保护方式。现实生活中我们常常见到人们为了避免痛苦的体验，往往会无意识地运用歪曲、补偿、否认、升华等方法来平息自己的内心焦虑，缓冲不良情绪，保护自我。常用心理防卫机制的主要作用有：

1. 合理化作用

也叫文饰作用，"化不合理为合理"。这是生活中运用最多的心理防卫机制之一，它是指个体的行为或结果不符合社会的价值标准，会给自己找出适当理由来解释，以使自己感到心安理得。例如吃不到的葡萄是酸的，不得不吃的柠檬是甜的，阿 Q 的精神胜利法等都是属于合理化作用。如果合理化使人接受无法逃避的现实，那么就起了积极作用；如果合理化只是用一些假象自欺欺人，那就起了消极作用。

2. 压抑作用

指一个人在受到挫折之后，用意志的力量压制住愤怒、焦虑的情绪反应，或者把意识所不能接受的欲望、冲动、记忆等，抑制到潜意识之中，使自我避免痛苦。它只能暂时消除挫折感。例如，一位导游遭到游客的嘲弄后，受了一肚子的窝囊气，依着自己的性子他真想把游客“教训”一番，但是理智让他控制住自己的情绪，没有发泄。

3. 升华作用

参见前面“自我升华”。

4. 补偿作用

补偿作用是指当个人行为受挫或因个人生理缺陷、能力所限，无法达到目的时，以其他成功的活动方式来代替、减轻或者消除挫折感。补偿可以消除自卑感与不适感。

5. 投射作用

投射作用是指受挫者把自己不期望的东西强加到别人身上的自我保护方式。日常所说的“以小人之心度君子之腹”，就是典型的投射作用。

6. 反向作用

反向作用是指受挫者表现于外的行为或情感与他内心的感受完全相反的自我保护方式。这样，可以掩盖自己原有的动机，消减由此产生的焦虑。

7. 否认作用

当外界现实极不愉快以致不能正视时，人们会极力予以否认。如犯罪青少年的父母不相信自己的孩子会犯罪。

8. 转移作用

用一种方式，将不能满足的动机转移到一个危险性较小的对象上。例如服务员因为被领导批评不敢顶撞，而迁怒于他人。

小故事

情绪钉

从前有个坏脾气的小男孩，常常发脾气。一天，父亲给了他一大包钉子和一把铁锤，要求他每发一次脾气就必须用铁锤在他家后院的栅栏上钉一颗钉子。第一天，小男孩一共在栅栏上钉了37颗钉子。

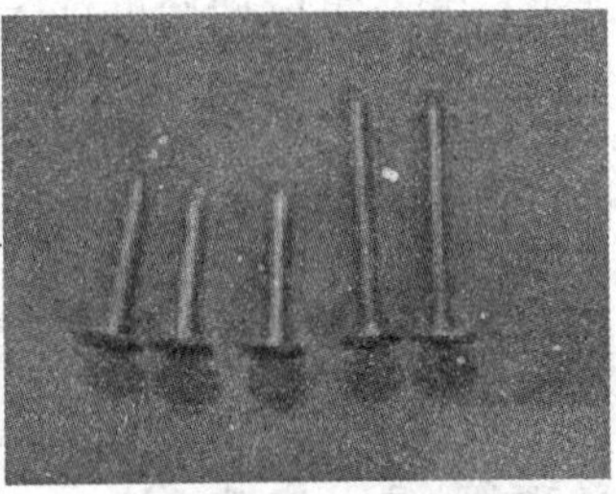

随着时间的流逝，小男孩每天在栅栏上钉钉子的数目逐渐减少了。他发现，控制自己的坏脾气比往栅栏上钉钉子要容易得多。终于有一天，小男孩没有往栅栏上钉一颗钉子。他高兴极了，把这个进步告诉了父亲。父亲笑着建议说：“如果你能坚持一整天不发脾气，就从栅栏上拔下一颗钉子。”经过一段时间，小男孩终于把栅栏上所有的钉子都拔掉了。父亲拉着他的手来到栅栏边，对他说："孩子，你做得很好。但是你看，那些钉子在栅栏上留下了这么多小孔，栅栏再也不是原来的样子了。当你向别人发过脾气之后，你的言语就像这些钉孔一样，会在人们的心里留下伤痕，无论你说多少次对不起，那伤口都会永远存在。其实，口头上对人们造成的伤害与伤害人们的肉体没有什么两样。"

你对这个故事有什么样的理解和感受?

三、挫折的耐受力及战胜挫折的策略

（一）挫折的耐受力

挫折的耐受力也叫挫折容忍力，指一个人忍受挫折，保护自己心理健康，维持正常适应的能力。古人云:人生不如意事常有八九。在生活中，任何人都不可避免地会遇到困难，遭受或大或小的挫折。但不同的人对于挫折的心理反应却有天壤之别，这是由挫折耐受力的不同而造成的。正如巴尔扎克所说，世界上的事情永远不是绝对的，结果完全因人而异。苦难对于天才是一块垫脚石，对于能干的人是一笔财富，对于弱者是一个万丈深渊。

（二）影响挫折耐受力的因素

挫折的耐受力会因个体的差异而不同。

1. 个体的身体条件

一般情况下，身体素质好、身心健康的人更能承受挫折。

2. 个体的经验与学习

成长于坎坷环境的个体，心理素质会强一些;能辩证地看问题的会更理智一些。

3. 个体的价值观念

成长过程中受到良好的教育，价值观念统一而稳定的人会百折不挠，表现出超强的挫折耐受力。

（三）战胜挫折的策略

1. 正确对待挫折

能不能承受挫折带来的打击，在很大程度上取决于自身有没有树立对待挫折的正确态度。首先，应该承认挫折是人成长道路上必需的经历，它的出现是难以避免的;其次，要以积极的态度看待挫折，任何事情都是两面的，既有消极的方面也有积极的方面，不经历风雨怎么见彩虹，可以把挫折看作是磨炼意志的机会，来培养自己坚忍不拔的良好品质。

趣味阅读——

跳蚤实验

科学家做了一个有趣的实验:他们把跳蚤放在桌子上，一拍桌子，跳蚤迅速跳起，跳起的高度在它身高的100倍以上，堪称是世界上跳得最高的动物！然后科学家在跳蚤头上罩一个玻璃罩，再让它跳。这一次跳蚤碰到了玻璃罩顶。连续数次后，跳蚤改变了跳起高度以适应环境，每次跳跃总保持在罩顶以下的高度。接下来科学家逐渐降低玻璃罩的高度，跳蚤都在碰壁以后主动改变自己所跳的高度。最后玻璃罩接近桌面，这时，跳蚤已经无法再跳了。科学家把玻璃罩打开，再拍桌子，跳蚤仍然不再跳，变成“爬蚤”了。

跳蚤变“爬蚤”，并非它丧失了跳跃的能力，而是由于一次次受挫，学乖了，习惯了，麻木了。最可悲的是，实际上玻璃罩已经不存在了，跳蚤却连“再试一次”的勇气都没有了。玻璃罩已经罩住了它的心灵。

生活中很多人的遭遇与此极为相似。在遭受过人生的挫折后，奋发有为的热情、干劲被“自我设限”所压制和封杀！既对失败惶恐不安，又对失败习以为常，丧失了信心和勇气。

同学们，读了上面的科学实验，你有什么想法呢?

2. 学会放弃

因为目标定得太高，期望值太大也会造成挫折。目标过高，就难以达到，心里就会产生强烈的挫折感。因此，必须从自身的实际出发，制定符合自己的目标；必要的时候降低目标的高度，会增加成功的机会。对于尽了最大的努力仍无法实现的目标，必须学会毅然放弃。学会放弃并不是一件容易的事，放弃好像意味着退却和认输。实际上，人生的历程就是不断选择和放弃的过程，有选择，就必须有所放弃，有所舍弃才能够有所收获，有所成就。所以，当你发现某个目标难以实现时，就应该果断地放弃。

3. 采用合理的自我调节方式

(1)改变行为的方式。

具体包括改变情境法(如外出旅游、逛街等)，文体活动法(如听听音乐、跳跳舞、看戏剧等)，等等，把我们的注意力从不愉快中转移出来。

(2)改变认知的方式。

人的不良情绪往往是由错误的或不合理的认知造成的。通过理性分析和逻辑思辨的途径，来改变头脑中的不合理的观念从而达到解决情绪的问题。也就是说要学会换个角度看问题。

比如前面第一次带团的导游小李，心里在埋怨全陪不出来解围，等着看她的笑话。游客因为走了一段冤枉路而发牢骚，她觉得游客太挑剔，故意找她的麻烦。如果换个角度考虑问题，全陪没来解围是因为当时没有注意到自己的尴尬，如果自己是走了冤枉路的游客心情会愉快吗？发发牢骚不是很正常吗？这样一想，心里就会有更多的宽容，就不会认为别人在难为自己，不愉快也就烟消云散了。

小故事

我国民间曾流传这样一个故事：一位老太太有两位女儿，她们都出嫁了，大女儿家开伞店，小女儿家开洗衣店。老太太关心女儿的生意——雨天她担心小女儿洗的衣服晒不干，晴天又担心大女儿的雨伞卖不出去。总之，每天都有让她忧愁的事情。后来，有人对她说：“老人家，你好福气呀！下雨天，您大女儿家生意兴隆；大晴天，您小女儿家生意好做。对您来说，哪一天都是好日子。”老太太转念一想，不禁眉开眼笑了。

遇到不愉快的事，不妨换一个角度，以积极的态度去看，也许你会惊奇的发现，情况并非那么糟。其实，苦恼源于自己的认知。积极的认知能使人愉快的生活，并促进人的心理健康；消极的认知常使人陷入情绪困扰之中，并可导致各种心理疾患。

4. 合理宣泄的方式

（1）倾吐式宣泄。向父母、恋人、兄弟姐妹、老师、亲朋好友、信得过的人倾吐真情，以便获得帮助，得到理解和感情的接纳，使自己的不良感情得以宣泄，精神得以解脱。

（2）出气式宣泄。踢球、用木棒击打枕头或沙袋、撕碎废纸等，以物出气，达到心理宣泄。

（3）娱乐式宣泄。外出旅游、参加舞会、看电影、打麻将、玩扑克、下棋等娱乐，使不良情绪得以转移。

（4）哭泣式宣泄。哭泣是宣泄不良情绪常见的方式，尤其是女性。大声哭泣，发泄愤怒和不快，使心理得到平衡。

（5）求医式宣泄。找心理咨询部门或心理医生求治。

（6）追求式宣泄。到理发店美容、到洗浴中心或浴池洗浴，或者参加文学或艺术创作，以追求美的享受，使心理达到平衡。

名人名言

这世界除了心理上的失败，实际上并不存在什么失败，只要不是一败涂地，你一定会取得胜利的。

——亨·奥斯汀

世界上最浩瀚的是海洋，比海洋更浩瀚的是天空，比天空还要浩瀚的是人的心灵。

——雨果

思考练习题：

一、填空

1. 心理健康包括两层含义：一是（　　　），这是心理健康的基本条件，二是具有（　　　）的心理状态。

2. 正确认识自我的途径有比较法、（　　　）、（　　　）和心理测验法。

3. 挫折后非理性的行为表现有攻击、（　　　）、（　　　）、（　　　）和（　　　）。

4. 挫折后理性的行为表现有（　　　）、（　　　）、自我升华和（　　　）。

二、名词解释

1. 健康

2. 心理健康

3. 社会支持

4. 挫折

5. 挫折的耐受力

6. 心理防卫机制

三、判断题

1. 健康就是没病没痛。(　　　　)

2. 心理压力一定是消极的压力。(　　　　)

3. 心理问题会导致身体疾病。(　　　　)

4. 心理健康是一种变化的流动的不固定状态。(　　　　)

5. 智商在90以上是智力健康的标准。(　　　　)

四、简答题

1. 心理健康的标准有哪些?

2. 如何提高自己的心理健康水平?

3. 挫折产生的原因有哪些?

4. 个体受到挫折后会有哪些行为表现?

5. 避免挫折的心理防卫机制有哪些?

6. 如何战胜挫折?

五、案例分析题

1. 小周是一家旅行社的经理，收入相当可观，但是每天工作非常忙碌，还经常陪客户应酬，工作压力很大，经常很晚才能回家。最近，小周总是无精打采，情绪消沉，有时在办公室会莫名其妙地发火，有时到酒吧喝酒喝得酩酊大醉，或者疯狂地玩游戏。

请你分析一下，小周出现了什么问题，如何帮助小周解决这个问题?

2. 有三个小孩初次被带到动物园，当他们站在狮子笼前时，一个孩子躲在他母亲的背后全身发抖地说道:“我要回家。”第二个孩子站在原地脸色苍白地用颤抖的声音说:“我一点都不怕。”第三个孩子目不转睛地盯着狮子，问他的妈妈:“我能不能向它吐口水?”事实上，这三个孩子都感到了恐惧并处于劣势的焦虑感。

请分析三个小孩以什么样的方式表现各自的情绪?

第十章　旅游企业管理心理

学习目标

★ 了解领导者的影响力

★ 理解领导者的素质

★ 掌握 ERG 理论和公平理论

★ 掌握激励员工的方式

第一节　旅游企业领导者的心理

旅游企业领导者是担任旅游企业某项职务、扮演某种领导角色，并实现领导过程的个人或集团。旅游企业领导者是旅游企业战略的设计者、推动者、变革者，优秀的旅游企业领导者对旅游企业的生存和发展在一定时期内具有决定性的作用。

【案例】：　　老板快乐，员工才快乐

国内曾经有机构对“工作幸福感”做过一个调查，结果令人大跌眼镜:90%的人没有“工作幸福感”。工作热情高，工作效率自然也高，快乐管理成了许多公司领导的管理梦想。近年来，许多企业主管开始尝试快乐管理，但发现又不容易实现。

黄总的 IT 公司，很多员工士气低落。为此，黄总焦急万分。为了提高员工的工作热情，黄总找到一位从美国归来的快乐管理专家，精心设计了快乐管理的方案，包括野外郊游、业余聚会、私下交流。同时，办公室的墙壁也改变了颜色，悠扬的轻音乐在办公区轻柔地响起。3 个月过去了，员工的工作热情没有明显变化。黄总着急了，气急败坏地抱怨员工“不识好歹”。

黄总的问题是:自己不快乐，却要求下属快乐。那么无论他采取多么先进的快乐管理方案，都不会奏效的。他必须首先自己快乐起来，才能真正让快乐管理起到效果。情绪是互相影响的。如果他自己整天焦虑不安，动不动就发火，下属的快乐就很难调动起来。即使有，也是员工个人的修养所致。

一、领导的概念

生活中人们习惯把领导者称为领导，把领导者的行为也称为领导。实际上，领导是一种行为过程，是指引和影响个人或组织，在一定条件下实现某种目标的行动过程。领导者是实施领导行为的主体。领导是领导者的行为，是与领导者自身、被领导者以及客观环境密不可分的。

简单地说，领导就是“让他人做事，把事情做好”。领导就是激发他人乐于为组织目标而奋斗的历程，进行思想上的引导，业务上的辅导，规则上的督导，为人上的教导。通过对员工的激励、培养、鼓动从而激发全员参与为组织目标而努力，并最终实现领导目标。

二、旅游企业领导者的影响力

领导者的影响力，是指领导者有效地影响和改变被领导者的心理和行为的能力。它是实现领导目标的必要条件。领导者的影响力可以分为两大类：

（一）权力影响力

权力影响力又称强制性影响力。这种影响力不是领导者的现实行为造成的，是外界赋予的。它对下级的影响带有强迫性和不可抗拒性。权力影响力主要由三种因素构成：

1. 传统因素

这是一种观念性因素。一个人对上级的服从，就是因为对方是上级。正是因为对方是上级，所以才使人们产生对领导者的服从感。这种影响力是传统观念附加给领导者的一种力量，存在于领导行为之前。因此，只要你当上领导，就自然获得了这种力量，使人对领导产生服从感。

2. 资历因素

这是一种历史性因素。资历即指一个人的资格和经历。在现实生活中，人们对于资历深、见识广、久经磨练的人总是怀有敬重感。领导者具有较多的社会阅历、丰富的经验等就有相当的影响力，人们就容易接受领导。

3. 职位因素

这是一种法定因素。职位是一个人在企业组织中的职务、地位。居于领导职务的人，社会组织赋予他一定的权力，他掌握了权力，就可以左右被领导者的行为、处境，甚至前途、命运等，从而使被领导者产生一种敬畏感。一般来说，职务越高，权力越大，人们对他的敬畏感也越强，他的影响力也越大。它存在于领导者实施领导行为之前，是不以领导者本人的素质为转移的。

（二）非权力影响力

非权力影响力也称自然影响力，是由领导者个人的素质和行为形成的一种内在的、动力性的影响力，与领导者的权力没有必然的联系。这种影响力对被领导者来说，不存在任何强制因素，在行为上表现为自愿、主动。它产生于领导者领导活动的过程中，容易使被领导者产生敬畏感、敬佩感、信赖感和亲切感。非权力影响力的基本要素有四种：

1. 品格因素

这是本质性的因素。领导者的品格包括道德品质、性格和作风，它是决定领导者影响力的根本要素。具备优秀品格的领导者拥有巨大的号召力、动员力和说服力，容易使被领导者产生敬爱感。对于一个领导者来说，无论他的资历多深，职务多高，能力多强，如果品格有问题，终将威信扫地，失去影响力。

2. 才能因素

这是一种实践性因素。一个领导者的聪明才智和工作能力，是他能够成功地完成领导工作所必需的内部条件，是影响力的重要因素。一个有才干的领导者，会使企业扭亏为盈，会使企业走向成功，会使员工积极性高涨，“不待扬鞭自奋蹄”，因而使员工对他产生敬佩感。

3. 知识因素

这是科学性因素。知识是人类实践经验的概括和总结。其本身就是一种力量，是科学赋予的一种力量，它是影响力的源泉。作为一个领导者精通业务知识，通晓其他相关理论，就容易取得他人的信任，使人们产生信赖感。

4. 感情因素

这是精神因素。领导者与被领导者之间的关系，实际上是一种人与人之间的感情关系。如果领导者与被领导者之间的感情深，关系密切，领导者对被领导者关心体贴，领导者的影响力就大，被领导者就会对领导者产生一种亲切感。生活中感情因素在提高领导者的影响力上起着催化剂的作用。

权力影响力和非权力影响力是互相制约、互相影响的，是领导者影响力的统一的不可分的两个方面。权力影响力是当权则有，不当权则无。非权力影响力是当权与不当权都可能具有，它在领导者影响力中占主导地位，起主导作用。因此，要提高领导者的影响力，关键在于提高非权力影响力。

领导者影响力构成表

<table>
<tr><td rowspan="8">领导者影响力</td><td rowspan="4">权力性</td><td>因素</td><td>性质</td><td colspan="2">心理影响</td></tr>
<tr><td>传统因素</td><td>观念性</td><td>服从感</td><td rowspan="3">强制性影响</td></tr>
<tr><td>资历因素</td><td>历史性</td><td>敬重感</td></tr>
<tr><td>职位因素</td><td>社会性</td><td>敬畏感</td></tr>
<tr><td rowspan="4">非权力性</td><td>品格因素</td><td>本质性</td><td>敬爱感</td><td rowspan="4">自然影响</td></tr>
<tr><td>才能因素</td><td>实践性</td><td>敬佩感</td></tr>
<tr><td>知识因素</td><td>科学性</td><td>信赖感</td></tr>
<tr><td>感情因素</td><td>精神性</td><td>亲切感</td></tr>
</table>

（三）领导者的“五威”

1. 行威

领导者精通本行业有关业务，是行家里手，能够获得行业威信。

2. 法威

领导者能够科学督导、公正处事、奖罚分明，能够获得法威。

3. 德威

领导者为政廉洁、克己宽人、不诿过不争功，就能够获得德威。

4. 理威

领导者知人善任，作风民主，以理理事，助人发展，则可获得理威。

5. 情威

领导者对下级“相敬如宾、相待如友、关怀如子”，则可获得情威。

名人名言

聪明的人是用别人的智慧来填补自己的大脑，愚蠢的人则用别人的智慧来干扰自己的情绪。

三、旅游企业领导者的素质

拿破仑说过，狮子领导的绵羊部队能够打败绵羊领导的狮子部队。领导者德才兼备的素质和领导方法与艺术的优劣决定领导的绩效和企业的前途。旅游企业领导者应具备以下素质：

1. 品德高尚

公正廉洁，浩然正气，心胸开阔，宽容待人，敬业律己，言行一致，以身作则。

2. 知人善任

旅游企业领导者要善于发现人才、培养人才，洞察识别他人的能力和特点，做到知人善任，让合适的人去做合适的事，最大限度地发挥他们的特长和聪明才智。

小故事

韩信将兵 多多益善

韩信是秦末汉初著名军事家，淮阴（今江苏淮阴西南）人，曾被汉高祖刘邦拜为大将，为灭楚兴汉做出巨大贡献，与萧何、张良二人合称为“汉初三杰”。韩信率汉军平定齐地后，自封为齐王，引起了刘邦的猜忌。刘邦称帝后，有人密告韩信阴谋反叛。

于是刘邦采用陈平的计策，假称游览云梦泽（沼泽名，楚之名胜，在今湖北境内），在韩

信到陈地朝见他时，将韩信逮捕，押解进京。回到京城洛阳后，刘邦宣布大赦，韩信被削去齐王封号，改封“淮阴侯”。后来，刘邦与韩信的关系，稍有缓和。有一次，在宴席上，刘邦问韩信：“依你看，像我这样的人能带多少兵马？”韩信答道：“陛下可以带领十万兵马。”刘邦又问：“那么你呢？”韩信毫不谦虚地说：“臣多多而益善耳（我是越多越好）！”刘邦于是笑道：“你既然如此善于带兵，怎么被我逮住了呢？”韩信沉吟半晌才说：“陛下虽不善于率兵但却善于驾驭将领，这就是原因所在。”

3. 长于沟通

领导者与被领导者之间需要交换理念、认知、情感和信息，只有进行有效的沟通，领导者把目标、任务、指示传达给被领导者，而被领导者把情感、需求回传给领导者，才能使领导目标得以顺利实现。

【案例】：某企业是大型集团公司，公司领导注重与员工的沟通、交流。公司建立了员工信息反馈网络，员工有什么想法、意见、建议、要求，都会通过这个网络反映到公司高层领导那里。对员工每月提出的意见和建议，公司领导都认真地分析研究，或采纳，或做出解释，并对提合理化建议的员工给予奖励，大大激发了员工的工作积极性和责任感。

4. 决策才能

领导行为成功的关键在于决策，领导者能够依据实际情况，不但能作出正确、果断且有效的眼前决策，而且还能高瞻远瞩，作出有远见卓识的长期决策。

【案例】：外行领导内行——Lou Gerstner 与 IBM 危机改造

1991 年 IBM 进入了发展的低谷，当年亏损达到 2.9 亿美元。1992 年达到了 5 亿美元。1993 年，IBM 的 CEO John Akers 宣布辞职，这或多或少让一些人满意，John Akers 的表现被认为是对市场反应迟钝，对公司的发展无所作为。但是接下来的 CEO 人选成了大家讨论的热门话题，出乎意料的，同年 3 月 IBM 宣布，聘请从未任职过并且对计算机行业毫无经验的 Lou Gerstner 任 CEO。Gerstner 虽然在其任职过的美国快递公司、RJR Nabisco 公司任职期间取

得了辉煌的业绩，但是他的专业性受到了大家的质疑。Gerstner 上任以来，每天工作 16 小时以上，他成立了几个任务组，确定开发新产品和新市场的机会，裁减人员降低成本，改变经理人员的报酬方式。同时他办事认真、注重细节，他跟 IBM 的高级管理人员联系密切，这些

人在家里也常常接到 Gerstner 跟踪工作的电话，他下功夫与他下属的管理人员建立良好的关系，还和普通员工一起进餐，了解他们的想法，他说:“你必须了解人们的情绪，将心比心。”

Gerstner 的工作被证明是出色的，他的努力使 IBM 发生了巨大的变化，1997 年 IBM 的收入达到了 6.1 亿美元。

（资料来源:卢盛忠主编. 管理心理学实用案例集萃. 浙江教育出版社，2003）

5. 勇于求新

对新观念、新方法、新环境、新事物、新设备、新工艺有敏锐的感受力和洞察力，并勇于求新。

6. 善于应变

面对当今激烈的竞争环境，不墨守成规，敢于进取，善于掌控局面。

7. 敢于负责

对旅游消费者、企业及员工抱有高度的责任心。

8. 性格开朗

乐观向上，热情坦率，喜欢交往，助人为乐，热心公益，具有爱心和同情心。

9. 意志坚强

具有自觉性、果断性、自制性和坚持性等意志品质。

10. 身体健康

健康的体魄和旺盛的精力是承担艰巨的领导工作的载体。

小故事

新主管的观察能力

某单位调来了一位新主管，据说是个能人，专门被派来整顿业务。可是，日子一天天过去，新主管却毫无作为，每天彬彬有礼地进入办公室，便躲在里面难得出门，那些紧张的坏分子，现在反倒猖狂了。他哪里是个能人? 根本就是一个老好人，比以前的主管更容易糊弄。

四个月过去了，新主管却发威啦。坏分子一律受到惩罚，能者则获得高升。下手之快，断事之准与四个月中表现保守的他，简直换了一个人。年终聚餐时，新主管在酒后致辞:“相信大家对我新上任后的表现和后来的大刀阔斧，一定感到不解。现在听我说个故事大家就明白了。

“有一个人买了栋带着大院子的房子，他一搬进去，就对院子进行全面整顿，杂草杂树一律清除，改种自己新买的花卉。某日，原先的房主回访，进门后大吃一惊，问那些名贵的牡丹哪里去啦? 买房的人才发现，他居然把牡丹当草给割了。后来他又买了一栋房子，虽然院子更是杂乱，但是他按兵不动，果然冬天以为是杂树的植物，春天里开了繁花;春天以为是野草的，夏天却是花团锦簇;半年都没有动静的小树，秋天居然红了叶。直到暮秋，他才认清哪些是无用的植物而大力铲除，并使所有珍贵的草木得以保存。”

说到这儿，主管动情地说，“如果这个办公室是个花园，你们就是其间的珍木，珍木不可能一年到头不开花结果，只有经过长期的观察才能认出啊。”

（资料来源:李雪冬. 旅游心理学. 南开大学出版社，2008）

第二节 旅游企业员工积极性的激励

旅游企业管理的首要问题是对广大员工工作动机的激发，从而调动其工作积极性、主动性和创造性，使每个员工的聪明才智得到最大限度的发挥，为实现企业的目标而努力工作。心理学家詹姆士(W. James)在实地调查中发现，按时计酬，职工一般只发挥20% ~30%的能力，如果能够充分调动其积极性与创造性，他的潜力可以发挥到80% ~90%。他认为，一个人经过激发可能达到的工作能力与平常表现的工作能力和水平之间存在着大约60%左右的差距，即一个人相当于四个人的关系。可见，职工工作积极性和创造性的发挥在企业管理中是一个多么重要的问题。

长期以来，心理学家、管理学家从不同的角度提出了各种各样的理论，来解释企业员工的工作动机问题。一般认为，作为旅游企业的管理者，掌握了"ERG 理论"，了解了员工的"公平感"和"不公平感"的产生及其影响，在管理工作中体现出对员工的关心、理解和尊重，能够有效地干预员工的动机过程，从而达到激发、维持员工工作积极性的目的。

一、员工的核心需要

需要是由生理上、心理上的缺失或不足而引起的一种内部紧张状态，是个人活动积极性的源泉。人的一切实践活动，都是为了满足自己的某种需要。因此，需要不仅是人的本能，而且也是人的一切行为的起始点。对旅游企业来说，管理者要了解员工的各种需要，尤其是核心需要，确定员工需要的结构和层次，以及满足员工何种需要才能给予员工最大的激励等问题。

(一)"ERG 理论"

"ERG 理论"是美国耶鲁大学教授奥德弗于1969年提出的一种需求理论。"ERG 理论"认为，人有三种核心需要，其他需要都由这三种核心需要派生而来。这三种核心需要是:生存(Existence)需要、关系(Relatedness)需要和成长(Growth)需要。生存需要是人的低层次的核心需要，关系需要是人的中层次的核心需要，成长需要是人的高层次的核心要求。不同的员工有不同的核心需要，同一员工在不同的时期也可能有不同的核心需要。在任何时候，员工的行为动机总是由其全部需要结构中最重要、最强烈的需要所支配和决定的，这种最重要、最强烈的需要就是核心需要。

"ERG 理论"中的E、R、G正好与马斯洛所说的五种需要相对应。生理需要、安全需要属于生存需要，归属和爱的需要、自尊的需要属于关系需要，自我实现的需要属于成长需要。

(二)员工核心需要的层次和差异

1. 员工核心需要的层次

"ERG 理论"认为，人的核心需要可能处于高、中、低三个不同的层次。它们从低到高的层次依次是:

(1)生存需要

这是保证人的生命的某些物质条件得到满足的需要。生存需要包括生理需要和安全需要。生理需要是指维持生存和种族延续的需要。如人对食物、水、空气、睡眠和性的需要等。安全需要是指人需要保护或免遭威胁，从而获得人身安全的需要。如在危险时求人帮忙，患病时需要就医等。

(2)关系需要

这是一些通过与组织成员沟通、交换思想及情感得到满足的需要。它们基本相当于马斯洛的归属和爱的需要以及自尊的需要，是指被人接纳、爱护、关注、鼓励与支持等的需要。自尊的需要是指获得并维持个人自尊心的需要。如被人认可、夸奖与关爱等。

(3)成长需要

这是一些通过个人较强地介入工作环境得到满足的需要，相当于马斯洛的自我实现的需要，指人的能力充分发挥以及个人所有理想的实现。

旅游企业是服务行业，是用员工的服务来实现企业的目标。因此，作为旅游企业的管理者应充分了解员工的需要，尤其是核心需要。针对员工的不同需要，创造条件，让员工的多余精力和才能尽可能地得到发挥与展现，鼓励员工不断充实与提高，为员工的将来发展做好准备。这些做法对员工往往能起到金钱所起不到的激励效果。

2. 员工核心需要的差异

由于每一位员工的实际情况不同，其核心需要也不一样:有的需要多挣钱，有的需要得到别人的尊重与理解，有的需要拥有自我价值实现的机会。管理者不能只在钱上打主意，应该及时了解员工的需要，认真地考虑如何给员工更多的爱和更多的自我实现的机会，营造和谐的工作环境，采取灵活的方式、方法，调动员工的积极性，以达到事半功倍的效果。

一般来讲，员工的核心需要是由其所处家庭和社会环境所决定的。旅游企业为了更好地满足员工的需要，除了营造温馨和谐的工作环境外，如能帮助解决员工的后顾之忧，或让家属分享其在工作中取得的荣誉，或尽可能地为员工创造良好的个人发展空间，这些都有助于员工在家庭和社会中获得较高的地位，员工会精神饱满地全身心投入工作，企业也会收到意想不到的效果。

(三) 员工核心需要的变化

员工的核心需要是会随着环境的变化而变化的。各个层次的需要得到的满足程度越低，越为人们所渴望。员工在较低层次上的需要若能得到较多的满足，则会渴望在较高层次上的需要得到满足。

“ERG 理论”认为人的核心需要会沿着“从生存需要到关系需要，从关系需要到成长需要”的顺序上升。但是，如果在较高层次上的需要一再遭受挫折而得不到满足，就会重新追求较低层次的满足，人的核心需要沿着“从成长需要到关系需要，从关系需要到生存需要”的顺序下降。“ERG 理论”不仅提出了需要层次的“满足——上升”趋势，同时也指出了“挫折——倒退”

的趋势。旅游企业管理者应该客观地看待员工核心需要的变化，适时地掌握员工的核心需要，尽量引导员工的核心需要呈“满足——上升”趋势，这样员工在工作中会不断进取。

旅游企业管理者可以在实际管理过程中，根据员工精神境界的高低来判断员工此时的核心需要。如果员工对客人的询问不理不睬，对工作及薪酬斤斤计较，只站在个人利益得失上考虑事情，甚至为了个人的经济利益损害公司的利益，无疑，这样的员工其精神境界较低，其核心需要也处于较低层次。管理者除了运用物质激励解决其实际困难外，更应该采取多种针对性的竞争激励手段，努力提高各层次员工的精神境界。例如，如果员工经常说：“什么都是假的，只有多挣钱是真的。”一旦效益不好就容易导致其工作质量降低。管理者要扭转这样的局面，不能简单地认为员工精神境界低就重新招聘新员工，或是屈服于员工的牢骚情绪，用发奖金简单满足员工的“精神境界”，放纵员工盲目的“惟金钱论”工作意识，而应采取竞争激励手段，强化层次区分的公平性和透明度，并适时提高员工的职业素养和精神境界。

（四）物质奖励不能代替精神奖励

“ERG 理论”在物质奖励和精神奖励的影响方面，显然物质奖励特别可能满足生存和关系需要，而精神奖励特别可能满足成长需要。但是，应该注意，奥德弗认为三种需要可以共存，如果高级需要不能满足，个体会退而更看重低级需要。因此，物质奖励有时会成为精神奖励的代替物。如今，有一些企业的管理者认为，在市场经济条件下，员工更看重的是钱，所以要调动员工的工作积极性，物质奖励必不可少，而精神奖励是可有可无的，这是管理工作的一个“误区”。

实际上，物质奖励固然重要，但是精神奖励绝不是可有可无的，也绝不是可以用物质奖励来取代的。在企业管理中，员工受到的精神奖励虽然也可以说是“来自外部”的（比如，“我得到了领导的夸奖”），而它所起到的作用却是让员工从“内部”为自己的行为找到了“理由”（比如，“我这样做，因为这能证明我是一个既有责任心又有才能的人”）。而单纯的物质奖励是起不到这个作用的。旅游企业如果只用物质奖励来“刺激”员工的工作积极性，员工就不会再从“内部”来寻找积极工作的“理由”了，他们的工作积极性将完全随“外部条件”的变化（即物质奖励的多少）而“涨落”波动了。

【案例】：某旅行社的老总认为，给员工以表扬那是“虚”的，只有给钱才是最“实在”的，所以他决定，挣到钱以后，社里只拿 30%，其余 70% 全部作为奖励发给大家。除此以外，该旅行社基本上没有对员工进行过企业教育和精神奖励。

该旅行社的客源市场主要是在台湾。“千岛湖事件”发生之前，生意做得很红火，发给员工的奖金数额也像“芝麻开花节节高”。个别员工的收入已经超过了老总，但这位老总并没有因此而感到心理上的“不平衡”。在他看来，只要他舍得在员工身上花钱，员工就一定会为他挣来更多的钱。

“千岛湖事件”使这家旅行社遭遇严重的危机，但是这位老总并没有因此而失去信心。他知道，这只是一个“暂时的困难”，只要坚持不懈地努力，开辟新的市场，生意肯定还会“火”

起来的。问题是由于事件来得突然，“三角债”一时解决不了，旅行社的“资金链”断了，老总也就不能再像以前那样给员工发高额的奖金了。

这位老总要求员工与他一起“共渡难关”，但是一个月以后，他所依靠的骨干纷纷“跳槽”离他而去。这使他大为震怒。他说：“我给了你们这么高的奖金，现在正是需要大家共渡难关的时候，你们竟然一走了之，你们还有没有良心？”他的一位“老部下”答道：“是的，你是给了我们比较高的奖金，但是我们也给了你高于其他旅行社的利润啦！活是我们干出来的，奖金是我们应该拿的。既然你现在已经不能给我们饭吃了，难道还要我们像以前一样给你干活吗？为什么不让我们自己给自己找一条活路呢？”听到这样的话，老总吃惊而又无奈。

这位老总真可以说是自己给自己酿造了一杯苦酒。他忽视了对员工的教育，以为可以用物质奖励取代精神奖励，其结果是给员工的奖金越多，员工就越会觉得自己是在“为钱而干”。既然他们是“为钱而干”，你已经给不了他们那么多钱，还能指望他们与你“共渡难关”吗？

（资料来源：余敦旺主编. 旅游心理学. 中国科技大学出版社）

二、员工的公平感

“公平理论”又称社会比较理论，是美国行为科学家约翰·斯塔希·亚当斯（John Stacey Adams）于1965年提出来的一种激励理论，员工的激励程度来源于对自己和参照对象的报酬和投入的比例的主观比较感觉。该理论侧重于研究工资报酬分配的合理性、公平性及其对员工工作积极性的影响。其基本观点是：当一个人做出了成绩并取得了报酬以后，他不仅关心自己所得报酬的绝对量，而且关心自己所得报酬的相对量。因此，他要进行种种比较来确定自己所获报酬是否合理，比较的结果将直接影响其个人工作的积极性。

（一）员工“公平感”和“不公平感”的产生

1. 管理者与员工的“交换”关系

如何对待自己的工作是能反映出人们的精神境界的，而人们的精神境界是不可能都一样的，必然会有高有低。一般来说有以下三种情况：不求所获的无私奉献（最高境界），只求索取而不愿付出的不劳而获（最低境界），所付为所获即付出多少就应该得到相应的报酬（交换境界）。属于无私奉献与不劳而获的只是少数人，而大多数人的行为基本属于劳动与报酬等价交换类型。企业管理者用薪酬交换员工的劳动，员工用劳动从企业获取物质和精神报酬。在管理者与员工之间形成的交换关系中，存在着一个是否公平的问题。

美国的休士曼和哈特菲尔德认为，管理者给员工的报偿除了货币以外，还应该有一些“心理货币”。当然我们并不认为“心理货币”是一种很恰当的提法，但我们从中可以认识到，管理者除了用钱和一些用钱能买到的东西作为员工的报偿外，还应用别的方式来体现企业与管理者对员工的关心。也就是说管理者和员工之间的这种交换关系，不仅是狭义的现金交易方式的等价交换，也是一种广义的以心换心方式的等价交换。

2. 员工“不公平感”的产生

员工将自己的投入(包括教育程度、所做努力、用于工作的时间、精力和其他无形损耗等)与自己获得的报偿(包括金钱、工作安排以及获得的赏识等)经过比较以后，如果觉得自己“投入多，产出少”，即“干得多，拿得少”，就会感到不公平。如果觉得别人比自己干得少，却比自己拿得多，就会认为自己是吃亏的;或者自己目前的“投入”和“产出”比值低于过去的投入和产出的比值，也会认为不公平，产生不公平感。

3 .“不公平感”的相对性

(1)个人认知的公平标准不一

有人认为工作业绩突出应多发奖金才合理，有人认为应该给予荣誉奖励才公平，有人认为既发奖金，又给予荣誉奖励才适当。

(2)个人的主观判断不一

一般人经常会对自己的投入估计过高，对他人的投入估计过低。

(3)绩效的评定标准不一

是按工作的复杂、困难程度，还是按工作能力、技能、资历和学历评定？是以工作成果的数量和质量，还是按工作中的能力程度和付出劳动量评定？不同的评定办法会得到不同的结果。

(4)绩效评定人的不一

绩效由谁来评定？不同的评定人会得出不同的评定结果。由于同一组织内往往不是由同一个人评定，因此会出现松紧不一的现象，相互之间结果会有一些出入。

(二)“不公平感”对员工行为的影响

如果员工觉得不公平时，会感到不愉快并产生压力，绝大多数员工都不会“一如既往”地工作，他们会用种种办法来变不公平为公平，造成低生产率、低质量和离职等结果。通常用三种不同的方法来减轻他们的不公平感。

首先，他们会要求管理者给予更多的报偿，就是要求更多的“产出”。

其次，改变投入或结果。如果不能得到更多的“产出”，他们就会用“出工不出力”的办法来减少自己的投入去实现公平。

再次，解除交换关系。如果这两种办法都行不通，他们会另找一份工作，摆脱这种不公平交换。

由此可见，消除员工的不公平感，对于企业和员工的双重发展意义重大。

【案例】:在某地召开的北方旅游交易会上，老总们一致认为，目前，旅行社行业最缺的就是有头脑、有一定策划能力的中层管理人才。按说，在旅行社做管理工作，要比导游的职位高，但是，由于收入倒挂，很多员工宁愿去做导游，也不愿意做中层管理人员。一个从旅游学校毕业的中专生或大专生，应该是先去基层做导游，半年后，回来做管理工作。但是，不久他就可能提出不愿意做了，因为做管理工作与实际做导游的回报是完全不一样的。每个人的付出与收获，必须要有一个平衡，如果不平衡，他一定会去找别的渠道。

(三)管理者如何消除员工的“不公平感”

员工产生“不公平感”有两种可能:一种是由于管理者的管理失误造成的人为不公平;另

一种是事实上并非不公平，只是因为员工没有看清真相而感觉不公平。实际上无论哪一种原因造成的不公平现象，只要员工觉得不公平，都会直接影响工作效率。因此，管理者应该做好以下几项工作：

1. 坚持公平合理的原则

在给员工报偿时，要坚持公平合理的原则，应尽量使每位员工觉得自己的“产出”与“投入”相称，避免不公平情况的出现。

2. 帮助员工树立恰当的参照物

当事实上公平而员工却感觉不公平时，要用适当的方式去促使员工看清事实的真相，既要让员工认识到绝对的公平是不存在的，又要让员工不要盲目攀比，及时放弃要求增加“产出”或自行减少“投入”的想法和做法。如某旅游企业的最好导游所得到的收入可能是本企业最高的，其他员工与他相比会产生一种不公平感，而这位导游与其他更高收入的旅游企业员工相比也会产生不公平感。那么帮助员工树立恰当的参照物就非常必要。

3. 创造一种公平合理的氛围

为了避免员工产生不公平的感觉，企业需要采取各种手段，创造一种使员工产生主观上的公平感的氛围。如有的企业采取对工资和奖金保密的办法，使员工相互不了解彼此的收入，避免造成员工私下比较而产生的不公平感。

三、激励员工的形式

企业管理者在做好对员工情况的了解与工作动机的分析后，需要充分发挥自身的聪明才智，针对不同员工，运用不同的激励理论，采取不同的激励形式，实施激励。常见的激励形式有以下几种：

（一）目标激励

目标激励是通过设定一定的目标，促使员工按照目标的要求采取适当的行动。每个旅游企业都有自己的目标，每个员工在企业整体目标的指引下需要设定个人的目标，通过实现个人目标来实现企业的整体目标。这样，一方面满足了员工个人目标实现而带来的自我价值的实现，另一方面通过企业整体目标与个人目标的结合，使个人的价值充分体现出来，对员工产生巨大的激励作用。管理者在给员工设定目标时，应注意把握好以下几点：

1. 个人目标与企业目标相一致

个人目标是企业目标的必不可少的一个组成部分，企业利益与员工利益息息相关。

2. 目标具体化

目标要可以测量、可以测评、可以检验。目标越具体越能使员工明确努力的方向。

3. 目标适度化

目标制定得不能太高也不能太低。目标太高难以实现或目标太低容易实现，都无法给人带来成就感。

4. 评估公正化

员工个人目标完成的评估检查要公开、公平与公正。

小故事

三个工人一起在工地干活，他们的工作岗位是一样的——砌墙。一天，有个过路人问其中一个工人："师傅，您在干什么？""砌墙。"他又问另一个人："您呢，您在干什么？""挣钱，吃饭养家。"他又问第三个工人："您干的是什么活儿？""我嘛，在建造世界上最美丽的房子。"那个工人认真地回答道。很多年过去了，前两个工人仍然在工地上砌墙，而第三个工人则成了著名的建筑大师。

（二）支持激励

支持激励就是通过工作来调动员工的积极性。工作对人来讲非常重要，既是谋生的手段，又是自我实现的途径。金无足赤，人无完人。管理者要善于识别和用人，用其所长，避其所短，，做到人尽其才，知人善任。管理者用人要授权，授权要信任，用人不疑，疑人不用。管理者要学会推功揽过，要善于表扬员工的工作成绩，不要将功劳归于自己，员工工作有过失，需要具体分析，如果是偶尔的、影响小的、经验方法性的过失，则应该给予谅解，主动承担领导责任。员工在工作中遇到困难、挫折，受到讽刺打击时，领导要给予鼓励、支持和帮助。根据员工的绩效，适时加强培训和提升。

趣味阅读

王珐善评论

在一次宴会上，唐太宗对王珐说："你善于鉴别人才，尤其善于评论。你不妨从房玄龄等人开始，都一一做些评论，评一评他们的优缺点，同时和他们互相比较一下，你在哪方面比他们优秀？"

王珐回答说："孜孜不倦地办公，一心为国操劳，凡所知道的事没有不尽心尽力去做，在

这方面我比不上房玄龄。常常留心于向皇上直言建议，认为皇上能力、德行比不上尧舜很丢面子，这方面我比不上魏征。文武全才，既可以在外带兵打仗做将军，又可以进入朝廷搞管理担任宰相，在这方面，我比不上李靖。向皇上报告国家公务，详细明了，宣布皇上的命令或者转达下属官员的汇报，能坚持做到公平公正，在这方面我不如温彦博。处理繁重的事务，解决难题，办事井井有条，这方面我比不上戴胄。至于批评贪官污吏，表扬清正廉署，嫉恶如仇，好善喜乐，这方面比起其他几位能人来说，我也算有一技之长。”唐太宗非常赞同他的话，而大臣们也认为王珐完全道出了他们的心声，都说这些评论是正确的。

（资料来源：李厚祐. 哲理故事三百篇）

（三）榜样激励

“喊破嗓子，不如做出样子”，领导的表率作用可以产生巨大的力量激励员工。领导首先要令行禁止，要求员工做到的，自己带头做到；禁止员工做的，自己首先不做。领导者能够率先垂范，廉洁自律，谦虚民主，就能鼓舞士气，激励员工更加努力地工作。

榜样的力量是无穷的，通过树立先进典型来影响改变员工的观念与行为。创建良好的、健康的、向上的企业文化，来感染、带动员工，学习榜样，争做榜样。

（四）关怀激励

加强领导与员工的情感沟通，关心员工、爱护员工、尊重员工，使员工体会到领导的亲切，企业的温暖，从而激发员工敬业、乐业、精业。

【案例】： **中酒总经理陈柏恒的人情味**

中国大酒店是国内首家中外合资经营的大型五星级酒店，自1984年6月10日全面开业至今，中酒已获国内外奖项逾四百余项，在中国酒店业始终处于标兵地位。从1996年起，中酒连续荣获由美国酒店服务科学学会颁发的“钻石五星奖”。

酒店总经理陈柏恒毕业于美国康奈尔大学，在西方文明的熏陶中接受严格的职业培训。毕业后，陈柏恒管理过国内外众多酒店，乐于与人打交道的天性使他所从事的不仅仅是一份工作，更是一个值得终生追求的事业。“我称我的员工为兄弟姐妹，我和他们保持最直接、最有效的沟通。”办公室个别接见、电子邮件往来、现场启发式教育都是陈总与员工的沟通方式。领导者与被领导者之间朋友、家人式的关系使管理充满人情味，也说明了成功的双向沟通更偏重于情感而不是逻辑：管理者必须有“移情”的专长，从“纯粹”的话语中理解员工的感情和想法，引导员工说真话。在沟通中，陈总不断地听取、表扬、启发、教育，有效地激励员工，争取他们的信任，同时也使员工能自觉思考，改进工作。有归属感的员工团结起来产生了巨大的能量，推动中酒在行业竞争中独占鳌头。

（资料来源：胡娓莎. 解谜中酒——中酒总经理陈柏恒经营之道. 酒店经理人杂志，2007.6）

（五）强化激励

强化激励就是对已经表现出工作积极性的员工给予物质的或精神的鼓励，从而达到激励的效果。在企业管理中，积极强化、消极强化、惩罚和消退是最常用的四种强化手段，为了达到激励的效果，强化激励要以表扬、奖励为主，批评、惩罚为辅。

1. 积极强化

是指对某种行为给予肯定和奖赏，例如，对工作表现优秀的员工加薪、表扬或提升，以促使该员工保持工作积极性，并进一步做出更好的成绩。

2. 消极强化

即采用撤销消极的行为后果的方式激励员工。例如，对不能如期完成工作任务的员工，管理者对他进行经常性的监督，一旦有能够及时完成任务的表现，对他的监督随即放松，以此激励员工完成任务。

3. 惩罚

是指当某种行为出现后给予的带有强制性、威胁性的不利后果，以期减少这种行为的方法。例如，对没有完成任务的员工进行批评、减薪或罚款等，来杜绝类似情况的再次出现。

4. 消退

是指撤销对某种行为的积极强化，以终止该行为或降低该行为出现的可能性的方法。例如，对喜欢打小报告的人，管理者采取故意不理会的态度，使这类人自讨没趣而放弃这种不良行为。

（六）薪金激励

薪金激励是最普遍、最常用的一种激励形式。薪金不仅可以使员工养家糊口，还能满足员工自我价值的实现感。在当前情况下，薪金影响着员工的情绪、能力和积极性的发挥，极大地影响员工的工作行为和工作绩效。正确处理好奖金与工作绩效、奖金与满足员工需要的关系，建立稳定而持续的奖励制度对企业管理者来说是非常重要的。目前，我国一些旅游企业，最常见的是采取绩效薪金制的激励形式。绩效薪金制，就是采用计件工资、工作奖金、利润分成、纯利分红，也就是把报酬和绩效结合起来。这里指的绩效可以是个人绩效、部门绩效、组织绩效。绩效薪金制，把企业的利益与员工的利益与成就紧密地结合起来，利益共享，风险共担。

思考练习题：

一、填空题

1. 权力影响力由职位因素、(　　　　)和(　　　　)构成。

2. 非权力影响力有品格、(　　　　)、(　　　　)和(　　　　)四个基本要素构成。

3. 领导者的“五威”包括行威、(　　　　)、德威、(　　　　)和(　　　　)。

4. 旅游企业领导者应具备的素质包括(　　　　)、知人善任、(　　　　)、(　　　　)、善于应变、(　　　　)、(　　　　)、性格开朗、(　　　　)和身体健康。

5. "ERG 理论"认为，人有三种核心需要，即(　　　　)需要、(　　　　)需要和(　　　　)需要。

6. "ERG 理论"认为人的核心需要会沿着"从生存需要到(　　　　)需要，从(　　　　)需要到成长需要"的顺序上升。也可能沿着"从(　　　　)需要到关系需要，从关系需要到(　　　　)需要"的顺序下降。

二、名词解释

1. 领导

2. 权力影响力

3. "ERG 理论"

三、判断题

1. 领导者的影响力分为权力影响力和非权力影响力。(　　　　)

2. 提高领导者的影响力，关键在于提高权力影响力。(　　　　)

3. "ERG 理论"认为关系需要是人的高层次的核心需要。(　　　　)

4. "ERG 理论"认为成长需要是人的中层次的核心需要。(　　　　)

5. "ERG 理论"认为员工核心需要是没有层次和差异的。(　　　　)

6. 人对食物、水、空气、睡眠等的需要属于生存需要。(　　　　)

7. "公平理论"是美国行为科学家亚当斯于 1965 年提出来的。(　　　　)

四、简答题

1. 领导者应具备哪些素质？

2. 简述在企业管理中为什么不能用物质奖励取代精神激励。

3. "不公平感"对员工行为的影响有哪些？

4. 管理者如何消除员工的"不公平感"？

5. 企业管理者对员工的激励形式有哪些？

五、案例分析题

(一)

酒店新销售经理的困惑

小于是一位销售经理，他来某五星级大酒店已经半年了。半年前，大酒店的销售总监葛先生认为小于有销售方面的潜质，把他聘来。葛先生告诉他，酒店将会给小于提供最好的培训，过不了多久，小于就可能得到 25% 的加薪。

在酒店最好的培训中，小于发现，他的培训内容就是跟葛先生去会见酒店业务上的一些联系人。为了更好地完成工作，小于从另一家酒店做营销的朋友那里借了一本有关营销培训的书，他把总监的工作当成一项有挑战性、令人兴奋的事。而不是他的同事认为的日复一日地重复劳动。小于在很短的时间内成为了一名出色的销售经理。在来酒店的三个月内，小于和七个客户订了五十多个房间，这七个客户都是小于一手发展起来的。最近销售部接到通知，下个星期将是酒店的销售突击期，需要每天联系客户，并与新的客户进行电话联系。当同事得知小于要与老客户有约时，都说他爱表现，并告诉他这次突击期只努力与新客户联系。小于很想与他们争辩几句，但他想还是算了，争辩会使他们的关系更紧张，现在他们已经不怎么理他了，其他的销售经理不但对发展酒店的生意表现冷淡，而且讨厌他这么做。

小于无奈地找到了总经理，但会面更让他沮丧，他明白了为什么同事没有工作热情，因为经理认为，只有酒店的销售经理不断提高酒店的口碑，酒店的招牌名字本身就可以给酒店带来生意，利用提成和奖金之类的激励机制不见得给酒店带来什么好处，相反这样做会使销售部的人流动性很大。小于灰心了，他取消了与老客户的会面，并且决定不再那么卖力了。

（资料来源：李雪冬. 旅游心理学. 2008）

运用本章所学的激励理论分析：

1. 小于在酒店工作的前半年，为什么工作那么努力？

2. 小于在酒店工作半年后，为什么工作热情一下子就降低了，工作不再卖力了？

（二）

迟到的理由

一堂成人心理咨询培训课正在进行。

一个中年男子从后门悄悄溜进了教室。他猫着腰、屏住呼吸，企图逃过培训老师的视线。他迟到了。

正当他弯下身子准备坐在最后一排最旁边一个座位上时，老师叫住了他："这位同学，请到前边来好吗？"

他的脸顿时羞得通红，他连忙说："对不起老师，路上塞车了，所以我……"正在聚精会神听讲的学生纷纷将视线投到了他的身上，大家吃吃地笑着，是一种善意的取笑。毕竟，一个迟到的中年男人，此时却像一个犯了错的孩子一样的可怜和可爱，足以让每个人都想起自己调皮而纯真的童年。

老师温和地说："我知道，每个人都会有迟到的理由，可是你毕竟迟到了，就罚你表演一个节目吧。"

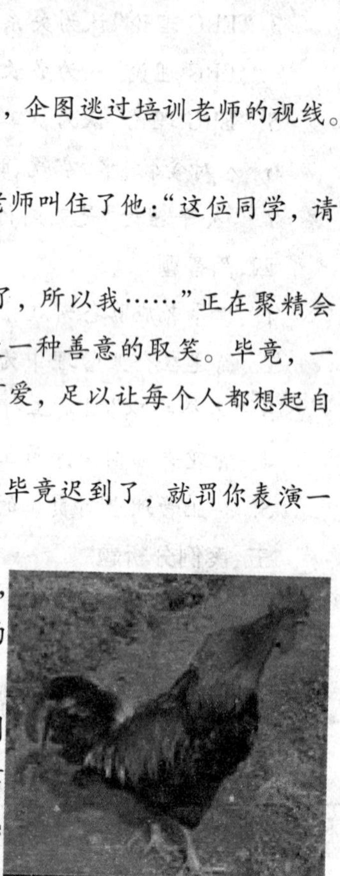

"表演节目？"中年男人更加羞涩了，手指不停地绞着书包带，"我既不会唱歌又不会跳舞，我从来没有表演过节目……"他真的不知道该怎么办了。

"没有关系，随便表演什么节目，我们都欢迎。虽然你的迟到打断了我们的听课，可是你的表演又会给我们带来快乐，我相信每位同学都会热烈地鼓掌。"老师的话音未落，教室里就响起了热烈的掌声，快乐的笑声在掌声里弥漫。

"哼咳！"迟到的男子清了一声嗓子，终于要表演了。零星的笑声过后，教室出现了几近窒息的安静。只见他昂起头，从喉咙里发出了一声高亢的尖锐的竭尽全力的——公鸡的鸣叫！掌声如潮。男同学脸上又泛起一阵红晕。在大家快乐而满足的笑声中，他骄傲地说："我小时候最棒的绝招就是学公鸡打鸣，没想到人到中年还有机会露一手，让大家见笑了！"他朝大家拱了拱手，大大方方地坐到了自己的座位上。

有幸听到这位同学学公鸡打鸣的人，就有我一个。当时我坐在同学们中间，在那一声冲破云霄的鸣叫之后，我把手掌都拍红了。正如老师所言，我们无不陶醉在那一种随意而舒畅的氛围中，几乎忘了要他表演的原因。这位男同学谈了他的表演体会："我以为老师会狠狠地批评我，我没想到会让我表演，其实也没什么，后来的气氛让我一下子放开了。"后来他再也没有迟到过，尽管他的家离得很远，每天早上还要送女儿上幼儿园。

惩罚和奖励同样可以震撼人的心灵。在我们很多人的记忆里，还残留着因迟到而受到的耻辱。人与人相互影响的方式有很多种，温和的、严厉的、舒缓的、激烈的，可是无论哪一种，我们都希望留在心间的是快乐而不是阴影。用温和取代严厉，用舒缓取代激烈，用奖励取代惩罚，这便是我们从小小的迟到所领略到的博大人生。

运用本章所学理论，谈谈奖励和惩罚在企业管理中的作用。

参考文献

1. 李灿佳:《旅游心理学》，北京，高等教育出版社，2000
2. 刘纯:《旅游心理学》，天津，南开大学出版社，2000
3. 甘朝有:《旅游心理学》，天津，南开大学出版社，2001
4. 魏乃昌:《饭店服务心理》，北京，中国劳动社会保障出版社，2001
5. 邹益民:《现代饭店房务管理与案例》，辽宁，辽宁科技出版社，2003
6. 蒋文中:《导游部操作实务》，北京，旅游教育出版社，2005
7. 余敦旺:《旅游心理学》，合肥，中国科学技术大学出版社，2006
8. 欧晓霞:《旅游心理学》，北京，对外经济贸易出版社，2006
9. 陈琦:《旅游心理学》，北京，北京大学出版社，2006
10. 刘菲:《旅游消费心理与行为》，北京:经济管理出版社，2007
11. 花菊香:《旅游心理学》，北京，冶金工业出版社，2008
12. 崔玲:《旅游心理学》，北京，经济科学出版社，2008
13. 薛群慧:《旅游心理学理论—案例》，天津，南开大学出版社，2008
14. 赵冉冉:《导游应急处理一本通》，北京，旅游教育出版社，2008
15. 李雪冬:《旅游心理学》，天津，南开大学出版社，2008
16. 刘世权，李远慧:《旅游服务心理学》，武汉，武汉大学出版社，2008
17. 叶伯平:《旅游心理学》，北京，清华大学出版社，2009
18. 庄静:《旅游心理服务与技巧》，北京，中国劳动社会保障出版社，2009
19. 马巧慧:《旅游管理》，大连，东北财经大学出版社，2009
20. 俞国良:《心理健康》，北京，高等教育出版社，2009

读者反馈意见

亲爱的读者：

感谢您对《旅游心理学》的支持和热爱，为了今后为您提供更好的服务，请您抽出宝贵的时间来填写下面的意见反馈表，以便我们更好地对本教材做进一步改进，同时如果您在使用本教材的过程中遇到了什么问题，或者有什么好的建议，也请您来信、来电告诉我们。

地址：北京市丰台区科学城南极星大厦108室

电话：010－83794590/83794403

电子邮箱：caikai6223@263.net　QQ：649319527　QQ：1694299827

网址：WWW.KFHWH.CN

教材名称：《旅游心理学》

个人资料：

姓名：__________年龄：__________所在院校/专业________________

文化程度：____________通讯地址：________________________

联系电话：____________电子信箱：________________________

您使用本书是作为：□指定教材□选用教材□辅导教材

您对封面设计的满意度：

□很满意□满意□一般□不满意□改进建议____________________

您对本书印刷质量的满意度：

□很满意□满意□一般□不满意□改进建议____________________

您对本书的总体满意度：

从语言质量角度看□很满意□满意□一般□不满意□

从科技含量角度看□很满意□满意□一般□不满意□

本书最令您满意的是：

□指导明确□内容充实□讲解详尽□实例丰富

您认为本书在哪些地方应进行修改？（可附页）

____

____

您希望本书在哪些方面可进行改进？（可附页）

____

____